PriPri ブックス

保育現場の事例が 見やすい表組みに！

要配慮児への対応がひと目でわかる

「気になる子」にどう対応すればいい？

幼少年教育研究所 編
上原 文 著

世界文化社

保育現場の事例が見やすい表組みに！
「気になる子」にどう対応すればいい？

目次

はじめに……………………………………………………………………………… 4

第1章　理論編

1. 「気になる子」にどう対応するか？ ── 保育現場への支援とは…………… 6

2. 増えている「気になる子」 ── 保育実感を大切に！………………… 8
　　　　　　　　　　　　　　　　早期療育の必要性………………… 10
　　　　　　　　　　　　　　　　園の先生こそエキスパート……… 12
　　　　　　　　　　　　　　　　発達障害の裾野の広がり………… 14
　　　　　　　　　　　　　　　　母子関係の変化…………………… 16

3. 「気になる子」が抱える問題 ── 意味理解の問題……………………… 18
　　　　　　　　　　　　　　　　感覚入力の問題…………………… 20
　　　　　　　　　　　　　　　　初期感覚の問題…………………… 22
　　　　　　　　　　　　　　　　刺激の選択の問題………………… 24
　　　　　　　　　　　　　　　　脳の中のネットワークの問題…… 26

4. ことばにおける工夫 ── ことばについて考えてみる……………… 28

5. 園生活における工夫 ── 日常の保育を見直してみる……………… 30
　　　　　　　　　　　　　　物理的に整理してみる………………… 32
　　　　　　　　　　　　　　時間的に整理してみる………………… 34
　　　　　　　　　　　　　　聴覚的に整理してみる………………… 36

6. 暮らしやすさのための工夫 ── 18歳以降を考える……………………… 38
　　　　　　　　　　　　　　　　生活リズムの安定………………… 40
　　　　　　　　　　　　　　　　生活習慣の重要性………………… 42
　　　　　　　　　　　　　　　　食事と着脱………………………… 44

7. クラス全体のための工夫 ── 一人ひとりの心の受容………………… 46

8. 運動における工夫 ── 身体図式の問題………………………… 48
　　　　　　　　　　　　　意識運動を取り入れる………………… 50
　　　　　　　　　　　　　意識運動の具体的内容………………… 52

9. 遊びと人間関係における工夫 ── イメージの共有の難しさ…………… 54
　　　　　　　　　　　　　　　　　発想を転換してみる……………… 56
　　　　　　　　　　　　　　　　　友だちとの関わりを見直してみる… 58

10. 困った行動への対応 ── 判断の基準をしっかりと……………… 60
　　　　　　　　　　　　　対応の基本を考える………………… 62
　　　　　　　　　　　　　困った行動を段階的になくす方法… 64
　　　　　　　　　　　　　混乱をおこさない工夫……………… 66
　　　　　　　　　　　　　友だちとのトラブルへの対応……… 68
　　　　　　　　　　　　　パニックへの対応…………………… 70

11. 行事のすごし方 ── 行事への取り組みを見直してみる… 72

12. 保護者との関わり ── 保護者にどう伝えるか………………… 74
　　　　　　　　　　　　保護者支援の具体的内容…………… 76

13. 先生方に求められるもの	感じ取る力を磨こう！	78
	チームワークとリフレッシュを大切に！	80
	必要な技術を身に付けよう	82
	専門機関との連携	84
14. 園長先生に求められるもの	他園を見て自園の改革を！	86
15. この子たちの未来について	支える人の重要性	88

第2章　実践編

実践編　構成について 90
実践編　表組みの見方 92
　　ことばについて（事例と検証）.. 94
　　　　ことばについて（事例解説）.. 96
　　登降園のおしたく（事例と検証）.. 98
　　着脱（事例と検証）.. 100
　　　　登降園のおしたく／着脱（事例解説）.................................. 102
　　食事（事例と検証）.. 104
　　排泄（事例と検証）.. 106
　　　　食事／排泄（事例解説）.. 108
　　遊び（事例と検証）.. 110
　　運動（事例と検証）.. 112
　　　　遊び／運動（事例解説）.. 114
　　人間関係（事例と検証）.. 116
　　保育の中の「活動」（事例と検証）.. 118
　　　　人間関係／保育の中の「活動」（事例解説）........................ 120
　　お集まり・紙芝居・絵本など（事例と検証）.............................. 122
　　流れの理解（事例と検証）.. 124
　　　　お集まり・紙芝居・絵本など／流れの理解（事例解説）...... 126
　　困った行動（事例と検証）.. 128
　　特別な時間・行事（事例と検証）.. 130
　　　　困った行動／特別な時間・行事（事例解説）...................... 132
実践編まとめに代えて　— R園の実践 134
R園の実践①（4月）... 136
R園の実践②（6月）... 138
R園の実践③（10月）... 140

あとがき 142
刊行にあたって 143

はじめに

　私のこれまでの活動（「要配慮児」への現場での対応を学ぶ研究会のプロセス）を本にしませんか、と幼少年教育研究所からお話があったのは2010年の夏のことです。長く勤めていた療育センターを退職して3年目になっていました。退職にいたった理由や、「子どものまわりにいる専門職」の方々に対するこのような研究会を、なぜ各地で発足するにいたったかは、その内容とともに本文に書きました。講義による理論だけではなく、実際の場で応用できる技術を、できるだけ具体的に伝えていきたかったからです。

　しかし、本にするときはいつもためらいがあります。講義もそうですが、コンサルテーションは、ライブ感が大切なのです。本にすると、提案した方法そのものが短絡的な保育How Toに思われてしまうのではないかという危惧があるからです。

　しかし、「上原さんの講義やコンサルテーションを受けられない、もっとたくさんの苦しんでいる先生方がいるはずです。その人たちのためにも、少しでも伝えられる本が必要なのではないでしょうか…」という提案に、確かに私個人の活動だけではたくさんの人に伝えるうえで限界もありますし、それもそうかもしれない…、と思って執筆を開始しました。幼少研のご厚意もあり、私の他の研究会の事例も合わせて、たくさんの事例を紹介することができました。また各地の研究会の方たちも、そこでの事例をこのような形で出版することを快諾してくださいました。

　私の手元だけでも、今までの研究会で取り上げた数百もの事例がありますが、ここに書いた事例は、ページにも限りがありますので全体のほんの一部です。

　ここに挙げた対応方法が絶対というわけではありません。しかし実際にあった事例ですので、かなり具体的な内容になっています。

　先生方のクラスにも類似した事例がきっとあることでしょう。どうかこの本にのっている対応事例をもとに、実際に「気になる子」への配慮の方法を工夫してみてください。この本が、先生方のこれからの保育に少しでもお役に立てたら…と願っています。

第1章

理論編

1.「気になる子」にどう対応するか？

保育現場への支援とは

療育センターでソーシャルワーカーとして勤務していた私は、勤務を始めた38年前から、幼稚園・保育園への訪園活動を行ってきました。「発達障害は専門機関で『専門家』が何かをすれば治るというものではない。どの子も暮らしていくのだから、子どもが長い時間を過ごす場の方々との連携が必要なのではないか」という考えのもと、療育センターに勤務するのと同じぐらいの時間をかけて、外での活動も行ってきたのです。

現在でも一部に残ってしまっていますが、当時は、大変現実的ではない指導法や治療法がたくさん行われていた時代です。「暮らしていくという視点から遊離させるべきではない」「日常生活が大切である」という当時の私の考えは、退職するまで揺らぎませんでした。というより、それを確認するために38年間をかけたといっても過言ではありません。

25年ぐらい前のこと、つまりその活動を始めて13年ぐらい経過していた頃ですが、幼稚園・保育園への訪問活動を行うなかで、子どもたちの集団が変化してきたのにふと気づきました。落ち着きのない子が増えてきたのです。その落ち着きのない子たちは、年を追うごとに増加していきました。

文部科学省が「特別支援教育についての提言」を出したのは2003年です。この提言を出さざるをえなくなった背景には、それまでのような特殊学級や養護学校などの在籍児だけでなく、通常学級にいる落ち着きのない子の増加があります。この提言には一応の診断名が載っていますが、児童のほとんどは専門機関に通うこともないので、診断名がついているわけではありません。私自身はそういう子たちを、「気になる子」や「要配慮児」と呼んでいます。

就学前にどのような指導をされたかが、この子たちの18歳以降の人生に大きく影響します。しかし現在、ほとんどの場合で、この子たちは専門機関に通うこともないですし、また、専門機関で診断を受けたとしても、こういう子たちに効果的な指導を行える施設はほとんどないといっても過言ではありません。ということは、幼稚園・保育園・学校の先生方にこの子たちの対応のエキ

> **Check Point ①**
> **落ち着きのない子が増えています！**
> 本書で取り上げる「気になる子」は、現在、特別な存在ではありません。診断名もなく専門機関につながることもない、表面からはわかりにくい「気になる子」が今とても増えているのです。あなたのクラスに落ち着きのない子、気になる子はいませんか？

スパートになっていただく必要があるのです。この子たちは、これから各項で詳述していきますが、独特なある特徴を持っています。ですから彼らに対する対応は、「愛情をかけて寄り添う保育」だけでは不十分で、それだけでは先々とても暮らしにくい状態になってしまうことがあります。ほかの子と同じように保育するとかえって難しい子になってしまったり、先生方が一生懸命対応することがその子にとっては逆にとても苦しいことであったりします。ある程度順調な発達をしている子どもたちの保育・教育の専門家である先生方にとっては、その専門性があるからこそ逆に、最もわかりにくい位置にこの子たちはいるのかもしれません。この子たちへの対応方法においては、通常の保育の方法論や発想を180度変えていただく必要があるといっても過言ではないのです。

2003年の文部科学省の提言では「関係機関との有機的連携が必要」という文言が重要項目のひとつとしてあげられました。つまり学校だけでは対応できなくなってきたのです（2007年に「義務教育だけでなく」ということばが加わりました。園も同様です）。

園や学校の先生方にわかりやすく方法を伝えて一緒に対応を考えていく仕事が必要なのではないだろうか…。これが、私が定年前に療育センターをやめ、研究員としてこの仕事に専念することになった理由です。

私のこの活動は、今年で4年目に入ります。療育センターにいた頃からある程度理解はしていましたが、こういった子どもたちの増加と保育現場の苦しみは、私の予想をはるかに超えていました。また、リアリティのある支援ができるシステムや人がほとんどいないのが現状でした。

理論はもちろん大切ですし、理論なき実践もだめなのですが、教育や福祉は「100の理論よりひとつの実践」です。また子どもたちや障害の研究は、研究分野ごとに分断されている面があり、それぞれ意見が錯綜しているようです。同じ障害でも分野ごとに意見が違うのです。基本的な理論はもちろんですが、多くの園や学校を支援する仕事をしてきた経験をふまえて、実際に子どもたちに接する先生方のお役に立てるようこの本を書きました。その多くは今まで先生方との相互関係の中で構築してきた「現場で生きる技術」といえると思います。

Check Point ②

**100の理論より
ひとつの実践**

理論的に説明されることと、その問題がいい方向に向かうことは別のことです。保育の現場で大切なのは、きちんとした理論に基づく、一つひとつの実践です。

2. 増えている「気になる子」

保育実感を大切に！

「診断名がつけられるようになったから、そういう子が増えたように見えるだけなんだ」「本当に増えているのか？　その証拠があるのか？」

このように疑問を呈した大学の先生が実際にいらっしゃいました。子どもの症状というものは単純に数値には表せないものではありますが、各地の知的障害の特別支援学校の在籍児が大変増えているのをご存知でしょうか。しかも希望者も多い上にどこも満杯状態なのです。各療育の専門機関も相談の予約がとれないぐらいの状態です。「気になる子」たちは、それぞれ個々の状態は少しずつ違っていても、かつていた障害の子たちとは特徴が異なります。この子たちは、コミュニケーションがとりづらく、概して落ち着きがないといった特徴を持っています。

ある都市で30年前から行っている1歳半健診での例ですが、同じ方法で健診を行っているにもかかわらず、かつては100人中80人はできていた項目が、現在は100人中半分近くができなくなってしまったのです。同じ方法といっても実は近年少し簡単になっているのですが、それにもかかわらず半数近くができなくなっています。

また、長く幼稚園や保育園に勤務してきた先生方が、明らかに30年前とは違うある種の子どもたちが増えてきたことをよく話されます。小学校の先生は、「30年前なら50人は受け持つことができた」ということをよく話されます。腕白な子や言うことを聞かない子なら昔もいたのですが、「現在増えている『気になる子』は、どこかその子たちとは違う…」という保育実感・教育実感を持っていらっしゃるようです。

その保育実感は非常に重要です。また長く健診を担当してきた保健師さんが、20年ぐらい前から健診がやりにくくなった、と報告しています。これは単に個人の感じ方ではなく、明らかにそういう「気になる子」が増えていることに他なりません。私が行ってきた幼保小の訪問コンサルテーションでも、先生方が指摘する「気になる子」は療育センターに通う子の数倍はいたと思います。そしてその子たちは明らかに、「気にしなければいけない子」でした。先生方の現場実感は

Check Point 3

気になる子は、気にしなければいけない子

現在1歳半健診に変化がおきています。重い障害ではないが配慮が必要な「気になる子」が増えているのです。「気になる子」は、イコール「気にしなければいけない子」です。気になることがあったら、すぐにその子に向けた配慮を始めましょう。

ある意味で専門機関より鋭いものがあります。幼保小の先生方は、たくさんのいわゆる普通に発達している子どもたちの集団の専門家だからです。「気になる子」は「気にしなければいけない子」なので、その日から工夫を始めてほしい、と私が伝えるのはそのためです。専門機関で診断名がついてから始めるのではなく、園生活の中で工夫して配慮していくことは一日も早く始めたほうがいいと思います。そのために私は、この子たちを「要配慮児」と呼んでいます。

　ある保育関係の人が「『配慮が必要な子』といっても全員に配慮は必要なんですよ」とおっしゃっていましたが、そういう意味の配慮ではありません。彼らは普通の配慮ではなく、「特別な配慮が必要な子」なのです。

　また、専門機関の方から、「特別な配慮が必要な子という思い込みから、通常の発達の子を要配慮児の側にいれてしまう危険はないのでしょうか」という質問を受けたこともあります。しかしこれは、レッテル貼りではなく「配慮」をしていくことです。もし後々、その子に問題がないとわかったら、その時に対応を変えればいいのです。私の経験では、そうした誤認はほとんどありませんでした。それよりも、特別な配慮が必要な子であったのに、ほかの子と同じように対応してきてしまい、重篤な問題を残してしまったという方が、問題が大きいのです。私の研修を受けた後の幼保小の先生方のリアクションペーパー（単なるアンケートというより、研修後、研修内容をどのように仕事に活かすかなどを書く紙）には、「今思えばあの子がそうだった。一番まずい方法で対応してしまった…」というような悔恨のことばが書かれていることが多くあります。

　幼稚園・保育園でそのような対応をされて自己不全感でいっぱいになった子たちが、さらに学校時代も誤解されたまま過ごし、満たされないまま苦しんでいることは想像にかたくありません。

　どんな子にとってもそうでしょうが、就学前に受けた指導はその子の一生を左右します。対応を始めるのは早い方がいいのです。今より遅くならないうちに。しかもその配慮は具体的な工夫でなくてはなりません。愛や思いも必要ですが、それだけでは対応できません。「気になる子」、すなわち「気にしなければいけない子」とは、そういう子たちなのです。

Check Point ④

配慮は、レッテル貼りではありません

気になる子への配慮というと、「問題のない子を早まってそうした目で見てしまうのでは…」という逡巡を多く聞きます。ですが、もし誤認だったら、その時に対応を変えればいいのです。迷っているうちに手立てが遅れることの方が心配です。

早期療育の必要性

「発見から療育へ」は、発達障害の支援の大きなテーマです。1977年から全国で取り組みが始まった1歳半健診は、療育への取り組みをそれまでより2年近く早めました。これがなかった頃は3歳児健診まで健診がなかったので、3歳児健診で「お子さんはちょっと気になるところがありますよ」と指摘されても、保護者は親心から1〜2年近く迷ってしまい、専門機関に通うのは5〜6歳になっていました。1歳半健診で適切な指摘があれば、1〜2年迷っても遅くとも3歳代の後半には、早ければ2歳代から何らかの指導が受けられます。これは健診が最も効果的に行われているといわれる横浜市の場合です。私自身、1973年からずっと保健所とともに仕事をしてきましたので、その推移や状態を見ることができました。

2歳から3歳という発達期にある時期に何らかの指導がスタートできれば確実に違います。治るということではなく、難しい子にしないですむということです。つまり、生活しやすくなるのです。5歳以降で専門機関に通い始めた場合は、すでにその時点で困った行動がいっぱい身に付いていて、生活することが難しくなっている場合が多いのです。

実際、療育センターにいたときもそれは感じましたが、私が現在各地で行っている事例検討を中心とした研究会でも、園の先生が発表する事例には5歳児の事例が圧倒的に多いのもそのためでしょう。発達期にある時期に、つまり困った行動が身に付く前に、暮らしやすくするための指導があれば、5歳児になっても知的な障害の程度を問わず、スムーズに生活できます。

学者の中には「2〜3歳ではわからないし、そんなに早く親を不安にさせることもない。5歳児健診で十分だ」という人もいるそうです。確かに2〜3歳で「障害の疑いがある」と言われたら、親は平気ではいられません。しかし私は2〜3歳で障害名や診断名を告げてほしいと思っているわけではありません。診断名を早いうちに特定しなくても十分支援は可能だと思っています。つまり「どの子にもある生活の要素」への支援を、できるだけ早く開始することが大切だと言っているのです。「どの子にもある生活の要素」、それは生活のリズムであったり、衣服の着脱や食事など日常の生活習慣のことです。こうしたことが

Check Point 5
支援は、できるだけ早期に、2歳から始めたい

2〜3歳の時点で何らかの指導が始められると、断然生活がしやすくなります。問題行動を身に付けてしまう前に適切な援助をすることが、この子たちのためになります。診断名が特定できなくても、支援は十分に可能です。

スムーズにできるようになるために、対応の工夫が必要なのです。

　気になることがあると言われても、今日から何をどう取り組んだらよいのかが提案されず、ただ「様子を見ましょう」とか、意味もなく「大丈夫でしょう」と言われるだけでは、当然親は不安になってしまいます。気休めも、はっきりとした告知も、どちらも親を苦しめてしまうのです。具体的な技術のないところほど、こういう対応をしがちです。「気になる子」への対応では、「今日からこうしてみましょう」と、具体的な取り組みを保護者に伝えていくことが必要です。また、とりあえず今日から取り組むことがある、ということは不安を軽減させる効果もあるのです。私は１歳半健診をきちんと行うなら、健診をした同じパブリックな場所（例えば保健所）でグループを持つことは不可欠であると提案しています。期間は最低でも６ヶ月。もちろんこのグループには、特別なプログラムが必要です。感覚を整理していくための親子遊びが組まれていること、親に生活の仕方を伝えていく勉強会のようなものがセットされていることなどが前提です。早期のグループプログラムの効用は次のようなものです。

　①導入がマイルドにできる。
　②自分の子だけではないと思える。
　③他の人の工夫も学べる。
　④指導がしやすいし受けやすい。

　①に関していえば、「障害かもしれない」と言われるより、「ここの親子グループに来てみませんか」と誘われる方が親しみやすいものです。④でいうと「あなたのおうちのお子さんは…」という指導より、「みなさん…」ということばのほうが、指導する側もされる側も入りやすいものです。日常生活のことを一緒に考えていく役割の人や場があることが大切です。生活の中で適切な対応を重ねていくことで、子どもは確かに変化していきます。"治る"ということではなく暮らしやすくなっていくのです。その子が基本的な生活習慣を少しずつ身に付けていくのを見ながら、「うちの子には特別な育児の工夫が必要らしい」と保護者が思えるようになる、ということがその親子教室のゴールです。専門機関につなげるとしたら、そこからです。早期療育は、そういう意味で非常に必要なものなのです。

> **Check Point ⑥**
> **早急な断定と安易な気休めをしないこと**
> とにかく、具体的な工夫を始めることが第一です。早急に問題があると断定してしまうことや、安易な気休めを繰り返すことは、保護者の不安を増すだけで、必要な支援を遅らせてしまいます。

2. 増えている「気になる子」

園の先生こそエキスパート

　現在の日本では、保健所のグループの段階から保育園あるいは幼稚園、そして学校期までを、横断的にある程度のサイクルで継続的に関われるシステムや人・機関がありません。しかし私自身は、希有な体験ともいえるのですが、横浜市でそういうシステムが構築され始めた時期に、その現場に居合わせたという職業的幸運を持っていました。

　その仕事の中でわかってきたことは、やはり「発達障害」あるいはその裾野にいる子にとっては、絶対的な特効薬があるのではなく日常生活の工夫の積み重ねが大切である、ということでした。特に、できるだけ早期に特別な技術で支援ができる機関が見つかるかどうかが、その子の後の人生を大きく左右します。38年間この仕事をしてきて、この子たちの18歳以降をみるとそれがわかります。

　しかし残念ながら、その点が十分にできているところは全国的に少ないようです。そればかりか、いろいろな地方に出向くようになってわかったのですが、療育専門機関でも対応の技術がなく、「幼稚園（あるいは保育園）に入ればよくなりますよ」という適切でない指導をするところが少なからずあります。またそれとは反対に、独特なひとつのメソッドだけで頑なに対応しているところも多く、その現実感のなさに悩んでいる園や保護者も数多くいました。

　専門機関の言うことが間違っているわけではないでしょうが、その方針だけではなく、もっと子どもを総合的に判断しながら対応していくことが、園の先生には求められるのです。

　特に軽度の知的障害の子に関しては、専門機関に通わない場合が多いですし、通ったとしても、各専門機関は非常に利用者が増加しているため、細かい指導は行うことができないのが現状です。また、専門機関の人が訪園してくれたとしても、必ずしもそのアドバイスは適切なものばかりではなく、その園では到底取り組めないものであったりします。一般に、コンサルテーションをする専門家は、障害のことは知っていても、普通の集団保育についてはあまり知らない場合が多いともいえます。

　園の先生も、何をしたらいいのかよくわからないまま一生懸命対応し、その

Check Point 7

日常生活の積み重ねこそが、大切

この子たちの支援に、絶対的な特効薬はありません。日常生活の中の工夫を積み重ね、少しずつ難しいところをなくしていくこと、そして、その後の人生をより生きやすくしていくことが重要です。

子たちは卒園して小学校に行きます。小学校はこの子たちにとって、もっと過酷な場所になります。何しろ小学校では、その時間のほとんどが「ことばによるイメージの授業」をする時間だからです。彼らは（後に詳述しますが、イメージすることが苦手なので）まったくわからない状態に苦しみながら、多くの時間をすごすことを余儀なくされてしまうのです。そうすると、困った行動（不適切な行動とか問題行動という言い方もあります）がさらに多くなります。そして、そうなってからでは、軌道修正が難しいのです。

　ある保育関係の月刊誌を読んでいて、「園の先生の中には、生活習慣を無理に身に付けさせることに罪悪感のある方々がかなりいらっしゃる」という事実を知りました。しかし、衣服の着脱や食事など生きていくための生活習慣を例にとると、小学校では、入学当初を除いて生活習慣の指導はほとんど行われません。就学前にある程度生活習慣を身に付けていなければ、一生大変であることがよくわかるでしょう。そしてここで大切なのは、その生活習慣の身に付けさせ方なのです。

　研修のあと、「私はどこに相談したらよいでしょう？」と園の先生に涙ながらに質問されることがあります。しかし実際は、「相談する場所がないのですよ」といっても過言ではないのが現状です。発達に問題のない子の保育であれば、先輩や同僚の先生に聞いて工夫していくこともできるでしょうが、彼らは独特な特徴を持っているので、それに合わせた独特な工夫が必要なのです。

　この子たちのことは、一般的な保育の視点だけでは対応できないことはもちろんですが、障害や福祉の分野だけでも対応できません。園の先生方に、この子たちへの対応のエキスパートになっていただく必要があるのです。毎日一番近くで、一番長く子どもを見ている、子どものための専門職。それはあなた自身であるということを、先生方にはまずしっかり自覚していただきたいと思います。この子たちの18歳以降はみなさんにかかっているのです。

Check Point 8

生活習慣を身に付けさせるのは悪いことではありません

いつかは自分からできるようになるだろうと考えず、生活習慣をきちんと身に付けさせましょう。こうした生活習慣を学ぶのは、幼・保の時期にしかできないことです。

Check Point 9

一番の専門家は先生自身です

この子たちへの対応は障害や福祉の分野の専門家だけでは対応できません。一番近くにいて、一番子どもを知っている、先生方こそがこの問題の専門家なのです。

発達障害の裾野の広がり

「落ち着きのない子どもたち」とはどういった子どもたちなのでしょうか。その多くは、今増加している「発達障害」の裾野にいる子どもたちではないかと考えられます。

意外に一般には知られていないようなのですが、私が勤務し始めた38年前にくらべ、障害児像は変化してきています。当時は理解力も運動も言葉も全体的に発達が遅れている知的障害の群が多かったのです。医学上ではまだ厳密に解明はされていないものの、「遅れている」ことが明白な群の子どもたちでした。その子たちは概ね、幼いながらも、そして頑固で変化はしにくいものの、コミュニケーションは自分から求めてくるといった特徴を持っていました。

また運動障害の子どもたちも変化してきています。それから聴覚障害や視覚障害は数的には減ってきています（もちろん、減ったから支援が必要ないというわけではありません）。

大げさにいえば、今、各地の療育センターは「自閉症とその周辺領域」と思われる子どもたちで満杯です。はっきりとした自閉症を富士山の頂上とすると、その頂上が広くなってきたのに合わせて、裾野はもっと広がっているという状態なのです。なぜこういった子どもたちが増えているのかは、まだはっきりと解明はされていません。さまざまな要因があるようです。

運動発達に顕著な遅れがないことと、年齢相応のあるいは年齢以上の能力を一部持っていることもあるため、周囲の気づきが遅れますし、保護者さえも我が子を「発達障害の裾野にいる子ども」であると理解できていないことが多いのです。

この裾野にいる子どもたちには、対応に独特の技術が必要なのです。独特な特徴があり、ほかの子たちと同じように対応するとかえって難しい子になってしまいます。また表面からは見えにくいさまざまな内部の苦手さを抱えて生きていますから、そこを理解するだけでなく、その部分に適切な支援技術が必要なのです。

2003年に文部科学省が「特別支援教育への提言」をしました。それは「特殊教育から特別支援教育へ」という観念的な転換ではなく、もっと根本的な対

Check Point ⑩

発達障害の周辺領域の子が増えている

重度の障害の子とくらべ、軽度だからこそ、難しい点があります。表面的にはわかりにくいからこそ、適切な支援技術が必要になります。誤った対応は、この子たちを難しい子にしてしまいます。

心技術への転換を意味していました。その理由は、そうしなければならない子どもたちの増加が背景にあったからに他なりません。

　提言には一応、診断名として「LD、ADHD、高機能自閉症など」と入れていますが、私の知る限り、気になる子どもであっても、専門機関に通っている子どもより通っていない子の方が多いのですから、「〇〇かもしれない子どもたち」としか言えないのかもしれません。しかし、そういう子たちに対してこそ、配慮は一日も早く始めた方がいいのです。生きていくのに難しい習慣がたくさん身に付いてしまってからでは、軌道修正が困難です。

　またもっと大変な問題として、重度の知的障害がある子どもと違い、このような微妙な理解力がある子どもは、本来持っている困難な問題に加えて、「どうして僕ってうまくできないんだろう」とか「みんなとうまく遊びたいのにどんどん変わるルールについていけない」などといった、いわゆる自己不全感に悩まされることがあるのです。幼稚園や保育園の年長組になると、そのことに関係する、いわゆる問題行動が倍増します。みんなに乱暴をしてみたり、わざと嫌がることをやったり言ったり、という行動につながっていきます。自己不全感を募らせ、問題行動を起こすことで人の気をひこうとしてしまうからです。

　重度の知的障害を持つ子どもたちには専門の機関や施策がありますが、彼らを対象とした施策は少ないのが現状です。そのような中、幼稚園や保育園の役割は今まで以上に大きいといえます。

　できれば就学前の幼稚園・保育園の時期に、しかもできるだけ早く配慮を始めることが大切です。先生方が対応のエキスパートになることが今まさに急務なのです。

Check Point ⑪
この子たちに対する施策や制度はほとんどありません

重度の知的障害の子には専門の機関がありますが、この子たちを対象にした施策や制度はほとんどありません。社会で生きていくのが大変なこの子たちだからこそ、将来につながる適切な支援で、その後の人生を生きやすくしていかなければなりません。

母子関係の変化

　前項では、発達障害の裾野の広がりという面を見ていきました。ここでは、「落ち着きのなさ」の要因のもうひとつの側面について、考えてみたいと思います。ちょうど30年前から始まったある都市での1歳半健診で、保健師さんから「泣き叫ぶ子や走り回る子が増えて、だんだん健診がやりにくくなってきた」という報告がされたのは今から20年ぐらい前です。つまり、1歳半健診がスタートして10年を経過した頃のことです。それから年を追うごとにその傾向が明確になっていき、現在、半数近くの子が1歳半健診の項目がきちんとできなくなってきました。

　発達障害が出生児の半数というのは、ちょっと考えられません。そこで、その理由を保健師さんたちと考えてみました。その結果、「母子関係の希薄さが一因として影響しているのではないだろうか」ということが浮かび上がってきました。1歳半健診は、その子にとって初めての場所です。しかも、何をされるかわからない、知らない人がいる。こういう状況の中で、どの子も1歳半（18ヶ月）までの記憶データを結集して、場所や人を理解しようとするのです。そして、そこが安全な場所らしいと判断できれば、恐れを少し残しながら、健診に臨むことができるのです。かつてはほとんどの子がそうでした。でも今は、恐れが強すぎて泣き叫んでしまったり、恐れがなさすぎて走り回ったりしてしまう子が増えています。

　子どもにとっての基地、人にとっての「心のよりどころ」は普遍的なものです。そのひとつが、「母子関係」であることは十分に考えられることでしょう。もちろん、「母子関係」という言い方に抵抗のある見方もあると思います。しかし、根源的なよりどころについては、もう少し議論してもいいのではないでしょうか。「お母さんにありのまま、丸ごと愛してもらわなければ、人はそれを求めて一生漂うしかない」ということを、保育や教育の関係者はもっと保護者に伝えてもいいのではないかと思います。

　自分が望む形で母親に愛されていれば、園や学校に来れば、「先生の愛情は30分の1でいい」と思える落ち着きを見せることを、園や学校の先生方は知っています。愛情不足の子は担任に1対1の関係を強く求めがちです。先生がみ

Check Point ⑫

母子関係について、もう一度考えてみましょう

母と子のつながりは非常に根本的なものです。母子関係の大切さについて、もう一度よく考え、保護者にそれを伝えていきましょう。

んなに対して説明をしているときに「僕はね、僕はね」「私はね、私はね」という発言が多かったり、また先生の困ることをしてわざと注意をひく行動が多かったり…。現場の先生方は強く感じていることでしょう。今のざわめきのほとんどがそのようなものなのです。

また30年前にくらべ、母子関係が形成されにくいファクターがたくさんあります。例えばおむつ。かつては布のおむつでしたから、1回濡れてしまうと、「あーんあーん、気持ちがわるいよー」と（もちろん、こういうことばを話すわけではありませんが）赤ちゃんは泣いて不快を訴えます。そうすると母親（および養育者）が来て対面でおむつを替えます。おむつが取れるまでに、なんとこれがざっと数千回繰り返されるわけです。ここで身に付くのが、愛着の形成と「人とつながってもいいんだよね」という感覚＝基本的信頼感といわれるものです。それが紙のおむつになってしまい、赤ちゃんが自分からよぶことが減り（サラサラ加工なので不快感はない）、しかも母子が対面する回数も3分の1以下になってしまいました。

今さら、布のおむつにしたほうがよい、と言っているのではありません。そういったものが失われているのですから、それなりに育児の工夫を母親たちに伝えていく必要があるのではないかと思うのです。他にも、おぶいひもの使用が少なくなり、バギーで移動することが増えたことなどから、母子の触覚的な触れ合いが減ってしまいました。触れ合いの機会が少ないのだから、大丈夫なときには抱いてあげよう、といったことを伝えていかなくてはなりません。

母親だけに押し付けるということではなく、「子どもにとってはお母さんが大切なんですよ」と伝え、そのうえで母親たちが安定して子どもに接することができるよう、制度も支援も必要なのだと思っています。昔の子に比べて愛着形成の機会が少ないので、愛情獲得のために、母が困ることをして気持ちをひく子どもが多いのです。落ち着きのない子どもたちの中に、このような子どもたちが多く含まれていることは想像にかたくありません。現場にいる先生方は、そのことをふまえた上で子どもたちに接してほしいのです。

Check Point 13
落ち着きのなさの原因は、愛着の不足の場合もある

落ち着きのない子、問題行動をする子の中には愛情獲得のために困ったことをしているという子もいるのではないでしょうか？　母子関係の大切さを、保護者と一緒に見直してみましょう。

3.「気になる子」が抱える問題

意味理解の問題

　「気になる子」たちを日々保育していくために、まず基本的な特徴をいくつか知っておかなくてはなりません。この子たちは表面ではわからない、たくさんの苦手さを内部に抱えているからです。

　まず園や学校の先生にぜひ知っていただきたい、最も大きな、そして要となる彼らの特徴は「意味を理解することが苦手」ということです。脳にはさまざまな働きをする部位がありますが、「意味を理解する」「イメージをする」「総合的に考える」「判断する」「過去のこと、未来のことを考える」ことなどを担当する部位があります。こうした働きをするのが、前頭前野とよばれるところです。彼らは、どうやらこの部位がうまく働いていないようなのです。あるいは、うまくいったりいかなかったりするらしいのです。これこそが、この子たちの最も顕著な特徴であるといえます。

　しかし、園や学校の先生は、この部分（意味を理解したり、イメージしたり、総合的に考えたり…）を豊かにする職業ともいえるので、この子たちのこの弱さや苦手さを理解できないことが多いのです。このことは、私の研修の後のリアクションペーパーによく書かれています。「そうか、今思えばあの子がそうだったかもしれない」「わがままか家庭の問題と思っていた」「一番いけない対応ばかりしていた」と、多くの先生が後悔の気持ちいっぱいで書いてくれます。「意味の理解」は、人間の生活の中で、あるいは人との関わりの中で最も中心的なものであるのに、彼らはそこが苦手なのです。

　私が関わっていた都市の1歳半健診の中心は「絵カードの指さし」です。ひとつのカードに6個の身の回りの物が絵で描いてあり、それらは1年半生きてきたら必ず目にするものです。靴や自動車や犬を1回も見ないで1歳半になることはないでしょう。問診者（この場合、保健師）が「＊＊はどれかな？」と聞きます。そのことばの意味を理解し、頭の中で類推（種類を推理）し、「これ」と指さします。指さしにもいろんな種類がありますが、1歳半でできていてほしい指さしはこれです。これはことばによる意味の理解を調べるもので、だいたい6個のうち、

Check Point 14

一番の特徴は、意味理解の苦手さ

すべての行動の基本にもなる、「意味を理解する」ということが、この子たちは一番苦手です。形に見えないもの、イメージしなければいけないものに対する推察や理解が苦手なのです。

1〜2個できたら問題がないこととします。しかし、「気になる子」たちは、どうやらこの検査項目が苦手なようです。私も長く保健所の親子教室（健診で発達に疑問があると判断された子どもたちの親に、育児の工夫を伝えていく場）で保護者勉強会をしてきましたが、聞いてみるとそこにいる子どもたちのほとんどは、1歳半健診のこの項目ができていませんでした。つまり「意味理解が苦手」な子といえます。

　人間はある分野の能力が失われると違う能力で補うと言われています。例えば目の不自由な人が鋭い聴覚や触覚を持つことはよく知られています。それでは意味理解が苦手という場合、何で補うのでしょうか。こんな例から想像してみましょう。例えば日本語の意味はよくわかるが、英語の意味はまったくわからない状況で、英語圏の国に転校したとします。教室に入って行って、先生に何か言われました。意味はわからないのですが、とりあえず、みんながいすに座っているので、同じように空いている席に着席します。それからまた何か先生が指示しました。これもまったくわからないのですが、みんなが自分の筆記用具を持って立ち上がれば、「あ、筆記用具を持ってどこかへ行くんだな」と、自分もそれを持ち、みんなが出て行くドアから自分も出て行こうとするでしょう。そうです。意味の理解が難しい場合は形が頼りなのです。

　そういわれてみると、クラスの中の気になっていたあの子が、形が一定のものが好きなのがわかるでしょう。物の置き位置にこだわったり、ひとつの活動から違う活動に移るのが苦手だったり、いつもと違うプログラムが苦手だったり、商標やマークや記号が好きだったり、ドアを必ず閉めようとしたり…。彼らは、意味の理解が苦手な分、形を頼りに、状況を理解しているのです。その形（あるいは手順）が、急に変わってしまったり、見えにくかったりすると、彼らは手がかりを失い、とてもつらい状況に置かれてしまうのです。こうした「気になる子」が増えてきた今、従来の保育スタイルを見直すときにきています。今ここにハンディがある子が増えている、という現実をまず認識し、環境・プログラム・対応を工夫していくことが必要なのです。

Check Point 15

意味理解が苦手だから、形が頼り

目に見えないものを理解したり想像したり考えたりするのが苦手です。しかし、わかりやすい決まった形、決まった流れがあれば、それがこの子たちの理解の手助けになります。

3. 「気になる子」が抱える問題

感覚入力の問題

気になる子たち。この子どもたちには、

「指示に従いにくい」

「落ち着きがない」

「友だちとの関わりがうまくできない」

という一番の特徴の他に、表面から見えにくいいくつかの特徴を持っています。その顕著なものが、「感覚の入力」の問題といわれています。

脳にはさまざまな働きがありますが、大きく分けてアウトプット（出力）とインプット（入力）とがあります。アウトプットは脳から命令を出すとか指示を出すという側面です。手を動かす、足を動かす、指を動かすなどです。これらの行動にはたくさんの神経が必要なのですが、このアウトプットを1とすると、インプットにはその5倍の量の神経が必要といわれています。

インプットは、刺激を取り入れて、それを整理し情報にしていく活動です。インプットにはたくさんの分野がありますが、ここではわかりやすく、視覚・聴覚・味覚・嗅覚・触覚・前庭覚などを例にとって考えてみましょう。

彼らは、聴力の障害や視力の障害があるわけではないので、刺激を取り入れることはできます。しかし、どうやらそれを情報にしていく過程がうまくいっていないようなのです。つまり見たものが見たものとして意識されておらず、同じように、聞いたことが聞いたものとして意識されていないようなのです。これは実際にはどういうことなのでしょうか。

私はよく研修の途中で先生方に、「みなさん一斉に外に出て、今いた会場の天井はどういう天井でしたかと聞いたら、答えられますか？」と問います。みんな答えられないと思います。講師の私を見ているときに、天井は確かに視野に入っています。つまり「見ている」のですが、意識して見ているわけではないので、実際には「見ていない」と同じです。つまり、見てはいるが情報になっていないのです。意識して見ると「ああこの天井には細かい穴がぶつぶつあいている素材が使われているな、照明は蛍光灯なんだな」などという情報になります。これが園の日常生活で、情報としては重要な、説明している先生の顔や、先生が示している絵本や事物を「見ているけれど見ていない」状態であっ

Check Point 16
インプットは、アウトプットより難しい

脳の働きの中でも、命令・指示を出すアウトプットと、外からの刺激を受け入れるインプットでは、難しさが違います。まず、インプットの時点で大きな困難があることを、常に理解しておきましょう。

たら、どうでしょう。そうした状態では活動に参加できません。また、必要なものを情報として拾えないだけでなく、特に意識しなくてよいような小さなものが目に入ってきてしまう場合もあります。必要な情報がきちんと入っていないのです。聴覚も同じような状況です。今説明していることを意識的に聞いていることができないので、「聞こえてはいるが聞いていない」状態なのです。こうした彼らの状態に、もしかしたら聴覚の障害を疑ったりした先生もいらっしゃるのではないでしょうか。

　同様に嗅覚、味覚などでも、感覚が入ったり入らなかったりしているようなのです。彼らの多くに、一般的な偏食よりずっと強い偏食があることはよく知られています。ある部屋にどうしても入れない子がいて、よく調べたら、その部屋のかすかなにおいが原因だったりします。畳の部屋は一般的には「いいにおい」と感じるものでしょうが、このにおいがまったくだめであったりします。

　必要な情報がきちんと入力されていなければ、脳の高度な働きである「意味を理解し、ものごとを考える」ことを遂行することができません。

　視覚・聴覚・味覚・嗅覚などが混乱していることが予想されるので、まずその部分が整理されることが必要です。完璧に治すことはできないかもしれませんが、彼らの頭の中の混乱を防ぎ、ある程度改善していくための、日常の工夫が必要なのです。

Check Point 17
必要なものを情報として拾えない難しさ

話を聞いているようで聞けていない、見ているようで見ていない、これらはすべて、ある程度入力はできていても、それを意識して情報にできていないことからきています。

3. 「気になる子」が抱える問題

初期感覚の問題

「視覚・聴覚・味覚・嗅覚などがうまく整理されていないらしい」ということは前項で述べました。それらの諸感覚の整理のためには、その基になる感覚が整理されていることが前提です。その、すべての感覚の基になるものといわれているのが、触覚や前庭覚です。感覚には発達の順序がありますが、触覚や前庭覚は胎児の頃から発達が始まるといわれています。要配慮児によく見られる現象ですが、この大切な触覚や前庭覚が関与する部分に、どうも気になる共通の特徴があります。どんな感覚にも個人差はありますが、どうやら個人差を超えて、この部分が過敏か鈍感からしいのです。

例えば触覚です。通常、生まれたときには「触られることは快である」とプログラミングされているといわれています。「赤ちゃんは触られることで心の安定を得るから、スキンシップが大切である」などということがいわれるのもこのためです。ところがこの「触られる」ということが、要配慮児にとってはどうやら「不快」とプログラミングされている場合が多いようなのです。だから触られることにはかなり過敏です。というより「触覚防衛」ということばがあるように、触られることはとても嫌いなようです。

通常の感覚を持つ赤ちゃんは、触られることで安定を得るわけですから、抱っこするとこちらによりかかってきます。しかし、触られることが嫌いなので、抱っこすると反り返ってしまう子がいます。「抱きにくい、おんぶしにくい」などの特徴は、小さいときにまず違和感を感じるところです。保育現場でも触覚に関することで気づくことは多いでしょう。手をつなぎにくいのも特徴のひとつです。母親の手を振り払ってしまうぐらいなので、友だちとは手をつなげない子が多いのです。リュックを背負うのが嫌い、レインコートが嫌い、靴下が嫌い、濡れるとすぐ着替えたがる、帽子がかぶりにくい、名札がつけられない、押しくらまんじゅうが嫌い、などなど、触覚に関することで園の先生が現場で気づくことは多いでしょう。

前庭覚は、簡単な例でいえば「揺れ、傾き、高さ、回転」などを感じる感覚です。これらはそれぞれ、個人差のレベルを超えて過敏か鈍感かのどちらかのようです。例えば「揺れ」でいうと、シーツブランコなどで、ちょっと揺らし

Check Point 18
手をつなぎにくいのは、触覚の過敏から

手をつなぎにくい、リュックが背負えない、濡れたものをすぐに着替えたがる、名札がつけられない…。これはすべて、触覚に関する問題です。この部分を意識した触れ合い遊びなどで、少しずつ改善していきましょう。

ただけで、大泣きをして嫌がる子がいます。逆に一回転近く揺らしても、表情ひとつ変えない子もいます。「高さ」も、個人差を超えて鈍感な子は自分が降りられないところまでどんどん登ってしまいます。逆に敏感すぎる場合には、ほんのちょっとの高さからも降りられないのです。回転に関しては鈍感な場合が多く、くるくる回っても目がまわらないらしいのです（療育センターのフリータイムにはくるくる回る子が多かったです）。

このように基本の感覚に問題があるのですから、それ以後発達する諸感覚はなおさら混乱しているといえます。

理論的には、こういったことを整理してあげると生活がしやすくなります。完全に治すということは無理かもしれませんが、私の経験では、なるべく早い時期に、日々対応を工夫することで、かなり改善されるという実感があります。本当は入園前にそのようなことができる親子グループがあるといいのですが、残念ながらそこまで気をつけてやってくれるところはあまりないようです。

そこで、園でもこのようなことを意識した触れ合い遊びのようなものをぜひたくさんやってほしいと思います。トレーニングという形でなく、遊びの一環としてでいいのです。二人ずつ組になって、歌や音楽に合わせて、つついたり、こすったりする遊びです。例えばリズミカルに動きながら相手をサンドイッチに見立てて「バターをぬって塩ふって」「はさんでギュー」などと歌いながら…。あるいは、相手をぞうきんに見立てて「ちくちく」ぬったり「ざぶざぶ」洗ったり…。そういった初期の感覚を育てる触れ合いリズム遊びをもっと開発していただきたい、と私はいつも提案しています。

私が指導していた2歳児グループでは、つついたりこすったりの遊びを嫌がらなくなるにつれ、聞く・見るなどの部分が変化してくるという実感がありました。この基本感覚の部分を飛ばして、それ以後に発達する感覚の部分を使う遊びを強いてしまうのは、逆効果です。触覚・前庭覚を意識した遊びを、ぜひ取り入れてみてください。

> **Check Point 19**
> **触覚・前庭覚を意識した遊びを取り入れて**
> 様々な感覚の基となる触覚や前庭覚を整理することが大切です。二人一組で歌や音楽に合わせてする触れ合い遊びやリズム遊びをぜひ取り入れてみてください。

刺激の選択の問題

　刺激の選択とはどういうことでしょう。一般にはあまり知られていない事柄かもしれません。しかし、要配慮児たちは、そこがうまく働かないために日々大変な中で生活しているのです。

　まずわかりやすく、聴覚で考えてみます。実は私たちのまわりは、いろいろな音であふれています。私たちはつねに無意識に、脳の中で必要なものを取り入れ、不必要なものをおさえているので、普通に生活できるのです。これは、人間の持っている脳の大きな力です。

　例えば居酒屋のような騒がしい中で、友だちと何か会話したとします。少し騒がしいけれど普通に話ができるでしょう。しかし、その友だちとの会話を録音して家でそれを聞こうとすると、おそらくはとても聞きにくい（あるいは聞こえない）ものになってしまいます。なぜなら、機械はすべての音を等しく拾ってしまうからです。また、外国などにロケに行き、現地で俳優が何か説明しているような映像を多く見ますが、あれとて、音声調整の専門の人が不必要な音をおさえて必要な音（この場合、俳優の声）を大きくして放送してくれているといいます。機械の録音は街の喧噪を丸ごと拾ってしまうので、そのままだと俳優の声が聞こえないのです。自分にとって必要な音を拾い、不要な音をカットするという操作を、脳はいつも自然に行ってくれているのです。これが苦手な子どもたちには、世界はどのように聞こえているのでしょう。近くに補聴器を使用している高齢者の方がいたら、一度借りてつけてみてください。世の中がとてもうるさいことがわかるでしょう。もしかしたら、刺激の選択ができない彼らは、いつもこんな状態かもしれないのです。だから例えば園で主リーダーの先生と副リーダーの先生が同時にしゃべってしまったら、非常にわかりにくいといえます。

　これを視覚で考えます。視覚の面では、不必要なものをおさえる力がないどころか、強い刺激のものに気持ちがいきがちなので、聴覚よりいっそう刺激に反応してしまいます。例えば、この子たちの保護者が毎日の生活の中で一番苦労するのが、スーパーマーケットの中で走り回ってしまうことだとよくいわれます。いろいろなものがたくさんあって、その刺激に反応して走ってしまうの

Check Point 20

私たちは、刺激の選択を無意識にしている

ものを見るときも、音を聞くときも、私たちは常に必要なものを選んで取り入れ、不要なものを排除して情報として受け入れています。この刺激の選択が、この子たちはうまくできません。

で、買い物どころか子どもの姿を見失わないようにするのが大変だということなのです。子どもはみんなそうじゃないか、と思われるでしょう。確かに子どもは刺激の強いものに反応します。しかし、問題のない子の反応の仕方はこれほどではありませんし、また頭の中の一方で、母親の位置を意識しながら動くので、そう迷子にはならないのです。これができないため、この子たちは迷子になりやすい特徴も持っています。このように刺激に反応しやすい特徴が顕著なので、「集中しやすい環境作り」はとても大切なのです。

　テレビのニュース番組の画面を思い浮かべてみてください。ニュースを読むアナウンサーに視聴者の目が集中できるよう、スタジオのセットはとてもよく整理されていることが多いです。もしそこで、アナウンサーの背景にいろいろな物が置いてあったり、背景に水槽があって熱帯魚などが泳いでいたりしたら、視聴者の目はそちらにいってしまうので、おそらく必要なもの（この場合はアナウンサー）を浮き上がらせることができなくなっていると思います。これを教室や保育室の中で考えてみましょう。前に立つ先生の背景にいろいろなものが飾ってあると、先生が浮き上がりにくいといえます。彼らは、不必要なもの（壁面の飾り）をおさえて、必要なもの（先生）を浮き上がらせるという取捨選択が困難な子どもたちなのです。彼らのためには、先生に集中できるよう、先生の背後の環境をよく整理する必要があります。

　こうしたことはすべて、私たちは普通に生活していく中で脳がそういった機能を自然に働かせていますので、意識しなくてすむことなのです。要配慮児と思われる子どもたちは、このように聴覚的にも視覚的にも、不必要なものをおさえて必要なものを取り入れることが苦手な子どもたちであるということを、よく理解しておきましょう。しかもこの特徴は、治そうとしてもなかなか変化しにくい部分でもあります。こうした特徴を持ちながらもうまく生きていけるよう、話を聞かせる場合には聞くべきことを取り入れやすいよう音の面での配慮をする、また、話し手に集中しやすいよう視覚の面での環境設定を配慮する、などの具体的な工夫に基づく支援が必要です。

Check Point 21

刺激の選択ができない分、注意深く環境の整理を

この子たちの周囲に、刺激が多すぎるということはないでしょうか。この部分の苦手さを治すのは困難なので、周囲の環境を彼らが混乱しないように整理していく必要があります。

脳の中のネットワークの問題

　要配慮児ならではの特徴はまだあります。本書では、なかでも顕著な特徴をあげていますが、それもごく一部のものです。そのように考えると、この子たちへの理解と対応は単なる寄り添う心だけでなく、状態を理解し具体的な技術を駆使した対応が大切だということがよくわかるでしょう。

　脳のインプットやアウトプットの働きにおける不器用さは、先に述べたとおりですが、さらに「組み合わせて使う」「二つ以上のところに違う命令や指示を出す」といったところにも、彼らは大きな問題を抱えています。

　これも全部書くと膨大な理論になるので、わかりやすく例えば手足の動きで考えてみます。マヒがあるわけではないので、一つひとつは動きます。しかし組み合わせて使うことが難しいのです。2～3歳のこの子たちの運動の特徴としては、きちんと手を振りながらゆっくり歩くといった、基本的な行進などがとても苦手です。走るときに、右足が前に出るときは右手は後ろだよと教えなくても、通常2歳であれば腕を交互に振りながら走ることができます。しかし、要配慮児は足の動きに手がうまくついていかないので、手を動かさない不自然な走り方をします。リズム運動やお遊戯のときに、手の方に気持ちが集中していると足に気持ちがいかないので、手だけ動かしたり、足だけ動かしたり、という格好になったりします。

　基本の手足の動きでさえこうですから、日常生活のさまざまな組み合わせの動きは、さらに難しくなります。インプットも組み合わせるともっと複雑です。日常生活の動作は、組み合わせの連続です。例えばフックに袋物をかける、という動作ひとつをとっても「目で見ながら、手を目的どおりに動かす」ということがなかなかうまくできないので、要配慮児たちの持ち物は、よくフックやロッカーから床に落ちています。こうした現象を見たら、表面上のことだけを見て単に「だらしがない」と片付けてしまうのではなく、こういった特徴（＝脳の中のネットワークがうまくいっていない）の表れであることをよく理解してください。

　療育センターにいた頃、私はこういったタイプの低年齢の子どものグループも指導していました。名前を呼ばれて「はい」と片方の手をあげる、こんな簡

> **Check Point 22**
> **だらしがない！で片付けないで…**
> 一つひとつの動きはできるようでも、何かの目的に向かってそれぞれの動きを連動させていくのが苦手です。フックにうまくかけられない、などの特徴は、そうした脳のネットワークの問題であることを理解しましょう。

単な動作なのに、これが完成するまで時間がかかります。まず名前を呼ばれたという認識があることは前提ですが、そのとき「はい」と両手があがってしまうのです。そばにいる指導員がそっと片方の手をおろしてあげると、両手がおりてしまいます。片方をあげて片方はおろすということが完成したら、それまで言えていた「はい」の発声がなくなったりします。こんな簡単な動作なのに、「名前を呼ばれた→片方の手をあげる・片方の手はおろす→はいと発声」と、いくつもの脳の命令が瞬時に連携して働いているのです。

　こうした簡単な連携も難しいのですから、小学校に行くとその苦手さがいろいろなところにもっと現れます。要求される脳のネットワークが高度になってくるからです。では、ネットワークが少し高度になったものとは、どのようなものなのでしょうか。例えば「先生が言ったことを書き取る」動作のことを考えてみます。先生が何か言う前に書けるわけはありませんから、少しずらしながら書いていきます。そのとき、書くことだけに集中してしまうと、そのあいだ先生が話していることが耳から入りませんからその次が書けません。つまり「先生が言ったことを少しずらして書き、書きながら聞いて、また書く」といったことが連続的に行われているわけです。手足のネットワークでさえ苦手な子どもたちにとって、このような高度なネットワークはとても大変なことです。

　私自身が訪問した小学校でも「毎日忘れ物をする子」に先生が困っていることが多くありました。「明日持ってくるものを、どうやってみんなに知らせていますか」と聞くと、先生は「言って連絡帳に書き取らせている」と言います。しかし書き取るということがどうしてもできない子がいるのです。総合的に見てその子を判断してから、私は「先生が明日持ってくるものを付せんに書き、連絡帳に貼ってください」と指導したことがあります。そんな単純な工夫で、その子は忘れ物をしなくなりました。ある子にとっては、そこは治らない（できない）部分かもしれないのです。「どうすればできるようになるか」から、「何を用意すればうまく生きていけるか」という、発想の転換が必要です。

Check Point 23

書き取りは、とても難しい

「先生の話したことを書き取る」という動作ひとつでも脳の各部分を連動させながら継続的に行わないとできない難しいことです。

4. ことばにおける工夫

ことばについて考えてみる

　ことばについても、通常の発達の子と決定的に違う特徴があります。ことばについて詳細に述べると膨大になってしまいますので、ここでは、「意味理解」との関連から、基本的なことを述べていきたいと思います。そもそもことばは、「意味理解」と最も密接に関係するものなので、この点については通常の発達の子への接し方と最も違ってくるところです。

　一般に2歳をすぎて3歳に向かうと、「冷たくておいしいね」「もったいないよね」「まったく」など、形にないことをことばで言えるようになります。これは大きな発達のジャンプです。例えば「コップ」「りんご」などというのは形が見えますが、「おいしい」「もったいない」などということは、ここに目に見える形で提示することができない、まさに目に見えないものの感じ方のことばなのです。また大きい小さいだけでなく、「中ぐらい」などということばさえ使えます。これらは非常に抽象的なことばです。通常の発達の子に「これが上だよ」とか「これが下だよ」「これが横だよ」なんていうことを教えなくても、あっというまに「テレビの横にあるでしょう」などということを理解するようになります。こういったことがなかなか理解できないのが、要配慮児たちの特徴です。「上原さんは背が高い」といっても、もっと背が高い人から見ると「低い人」なのですから、こういったことばも流動的でとてもわかりにくいものらしいのです。

　私は、小学校での指導で、教員の方々に授業で使うことばの見直しをしてみるようにすすめています。「半島と半島のあいだに…」などという説明を先生がしても、その「あいだに」ということばがわからなかったりします。「＊＊の下に線をひいて…」も同様です。まして「文中の私はどう考えたでしょう」などという「推察」などは特に苦手です。要するに、実際に目で見える具体物のことはわかっても、イメージするものや比較して考えるもの、状況を見て判断するものが苦手なのです。これが彼らに独特なことばの状態です。学校の教育そのものがまさにイメージで行われるものなので、授業がわからない子が増えて

いるのは当然だと思います。例えば、「私たちの水道はどこからくるか…」などという勉強そのものが、机上にはないものなのですから。実践編のところでも詳述しますが、この、ことばにおける特徴は、子どもの状態の判断には欠かせないものです。

例えば3～5歳児で「オウム返しがある」という状態は、かなり配慮が必要な理解レベルの状態だろうと判断されます。なぜなら「オウム返しがある」ということは、ことばの意味があまりわかっていないということだからです。「誰ときたの？」という質問の意味がわかれば「ママときたの」と答えられます。しかしことばの意味がわからないと「誰ときたの？」と同じように返してしまいます。

先生方は何しろ「考えさせる」のが仕事ですから、「どうしてかな？」とか「どうやるの？」などのことばを多く使います。通常の発達の子にはもちろんそれでいいのですが、この子たちにとって、基本的に「なぜ」「誰と」「どこで」「何を」「どっち」「どうやって」の5W1Hの質問に答えるのは、とても難しいことである、という特徴は知っておいていただきたいのです。

また意味理解があまりできないのですから、たくさんのことばで長く話しかけるとさらに意味がわからなくなります。英語がまったくわからない私たちが、英語が母国語の人にたくさん長く話をされるとよくわからないでしょう。しかしゆっくりと簡単に「シット・ダウン」と言われればわかるように、最初はとにかくやさしく短くです。それでも私たちは意味理解ができますから慣れるに従ってわかっていく部分もあるでしょうが、この子たちは、この状況の改善がなかなか困難です。

まして、瞬時に推理を働かせながら行う「会話」はとても難しいといえます。5歳児になると問題行動が特に増える背景には、この、会話がうまくできない、といったことも影響しています。3～4歳児もそうですが、5歳児は特に会話が高度になります。またほかの子にとっても、この子たちとうまく会話をするのは難しいことです。先生はこの子たちの理解度をおしはかりながらことばを投げかけることができますが、それは周囲の子にとっては難しいことだからです。

Check Point ㉔

オウム返しがあったら、配慮を考えてください

赤ちゃんの時期をすぎ、3～5歳でなおことばのオウム返しがあるということは、ことばの意味がわかっていないしるしです。配慮が必要と考えてください。

Check Point ㉕

5W1Hは、最も苦手

通常の発達の子へのことばかけのセオリーである、5W（なぜ、だれ、どこ、なに、どっち）1H（どうやって）の問いかけは、この子たちをとても混乱させてしまいます。こうした質問でかえって苦しめてしまっていませんか？

Check Point ㉖

ことばは短く・やさしく・簡潔に…

意味理解が苦手ですから、たくさんの言葉で長く話しかけるのは逆効果。短く、やさしく、簡潔なことばかけを心がけましょう。

5. 園生活における工夫

日常の保育を見直してみる

　前項までに述べた多くの苦手さを持っている要配慮児たちが非常に増えているという現実をふまえて、保育を考え直す必要があるように思います。なぜなら、日常生活にこそ、生きていくための工夫が必要だからです。そして就学前の支援は、この子たちの18歳以降につながっているからです。

　すでに述べましたが、私は、ある子がどのような指導を受けたらその後どうなるのかを実際に確認するのに、38年を費やしました。その結果、この子たちの特徴をよく理解し、工夫された丹念な日常生活を積み重ねることほど力強いものはないのだという結論に至りました。治す、治る、のではなく、その特徴を持ったまま生きていくのですから、そのままどうやったらうまく生活していけるのか、と発想を転換する必要があるのです。第2章で紹介する私の研究会の事例検討でも、「なんとか治したい」と先生たちが一生懸命になればなるほど、子どもの状態が難しくなっていくという現実がありました。

　また研究熱心な園であればあるほど、子どもの可能性を信じて子どもの自主性を重んじた自由度の高い保育を展開している現実もあります。しかし、この子たちの側から見ると、そうした保育は「わかりにくい保育」という一面を持っているのです。母子関係が希薄になるという現実から、全体として落ち着きのない子が増えてきた現代においては、この現実をしっかり把握した、どの子にとっても達成感のあるわかりやすい保育こそが、必要なのではないかと思います。

　「意味理解」「イメージすること」「判断すること」「総合的に考えること」…。彼らはこういった部分が苦手である、つまり目に見えない部分が苦手であるということを、よく考える必要があります。

　私がこういったタイプの子どもを持つお母さんたちに、最初の勉強会でする説明があります。「コップ、リンゴ、バナナを描いてみてください。描けますよね。それでは、なつかしい、いとおしい、きちんと、もったいない、迷惑などは絵に描けますか。描けませんよね。でもニュアンスでわかるでしょう。そう、つまり絵に描けないこと、暗黙の了解のようなことが、この子たちは苦手なのですよ」

Check Point 27

わかりにくい保育をしていませんか？

子どもの自由な発想や自主性を重んじたプログラム。すばらしいことですが、この子たちにとってあまりにも「わかりにくい」「見えにくい」ものになってしまっていませんか？

と説明します。そうなのです。目に見えないことが苦手なのです。考える力を豊かに、イメージを豊かにすることが職業である園や学校の先生には、一番わかりにくい特徴だといえるでしょう。手がかりのない「自主性」だけを重んじた日常が、いかにこの子たちにとって苦しいものかわかっていただきたいのです。

　日中のかなり長い時間を子どもたちは園で過ごします。特徴を理解した対応はとても重要です。

　友だちとのびのびと遊ぶ自由な時間・子どもたちからたくさんのことばが出てくるような先生との会話など、一般的にはよい保育といわれる状況の下で、彼らはよくわからないというストレスと、自分はどうしてできないのだろう？　という不全感を募らせていってしまうことがあるのです。そうした状況を生まないためにも、適切な介助と、どの子にもわかりやすい保育を提供することは、今や急務なのではないでしょうか。

　どの園にも大きな責任があります。園や学校にはそれぞれの理念があり、それに基づいて今まで保育をしてきたと思われるでしょうが、ぜひ子どもたちをもう一度よく見て、その特徴を理解し考え直す勇気を持ってください。長年使ってきたその曲、そのスタイル、カリキュラムの具体的内容、先生方の使っていることば…。それらは本当にそれでよいでしょうか。何十年もこの方法でやってきたといういわば歴史ある園・学校が、プログラムや設定や内容を変えていくことは大変なことだと思います。しかし、私の講座を受けていただいた後、実際に今までの保育を見直していただいた園がいくつもあります。その結果、子どもたちが落ち着いてきたという報告を受けます。そう、今は全体の保育スタイルを見直すことが必要な時期なのだと思います。

Check Point 28

自由な時間が、かえってこの子たちを苦しめることも

イメージすることが苦手なこの子たちにとって、自由に過ごす長い時間はかなり苦しいものです。他の子のようにできない、よくわからない、という自己不全感を募らせてしまうことがあります。

5. 園生活における工夫

物理的に整理してみる

　全体の保育の方法を考える必要がある、ということを前項で述べました。それでは具体的にはどうしたらいいのでしょうか。ここでは、物理的な空間の整理について述べたいと思います。

＜レイアウト＞

　まず、ものの置き位置を明確にしてください。登園後のおしたくや降園の準備などは後述しますが、脳のネットワークのためにもとても重要なところですので、やりやすいように動線を考えましょう。

　それから、先生の立ち位置を決めましょう。この子たちはどこが中心か、つまりどこに注目したらよいのかがわからないのです。一般に幼稚園は中心がわかりやすいですが、保育園には中心が不明確なところが多いので、まず先生の立ち位置を決めてください。

＜表示など＞

　ロッカーやフックには、当然ですがわかりやすく名前やマークをつけてください。詳細は第2章で述べますが、よく観察するとどうしても自分の位置がわからないタイプの子どもがいます。その場合は、一番わかりやすい端の一番上にするとか、自分のマーク以外にちょっと赤いシールを貼ってあげるなど、手がかりが必要なのです。小さな工夫ですが、場所認知が苦手な子どもにはとても大きな手がかりです。

＜壁面・背景づくり＞

　先生の背景はできるだけシンプルにした方が先生に注目しやすくなります。お誕生日の壁面装飾などを大きく正面にしてあるところを見かけますが、子どもたちが帰ったあと、子どもの席に座って見上げてみてください。いかに先生の姿を浮き上がりにくくしているか、また先生が示すサンプルがわかりにくいかを感じていただけるでしょう。装飾や子どもたちの製作物を飾るときは、なるべく横壁の半分から後ろ（子どもたちが前の先生を見たときに先生への注目を妨げない位置）にしましょう。

＜落ち着く配置＞

　最初のお集まりからできれば最後まで、机といすは出して保育を行った方が

Check Point 29

見せたいものだけが見える工夫を

刺激の整理が苦手で、必要なものも不要なものも全部受け入れて混乱してしまうので、不要なものをのぞく、目印をつけるなど、視覚的な環境の整理を工夫しましょう。

よいでしょう。机といすがないと位置が見えにくいのです。このあたりが彼らへの対応の独特なところですが、他の子どもたちも落ち着きます。この子たちはすでに述べたとおり「だいたいこのあたり」という、目に見えないことが苦手なのです。机といすだと明確に形や位置が見えます。また目の前に机があると安定します。先生方も研修講義などでいすだけで机がないとどうですか。落ち着かないものでしょう。それから、机といすがない保育だと体操ずわりになると思いますが、今、この体操ずわりで落ち着いて先生の話に注目できる子が少なくなってきました。筋肉に対する脳からの命令の不器用さからいっても、あの姿勢は彼らには難しい形です。姿勢が崩れてしまいます。また何か製作するときも、床でやるより机でやった方がやりやすいのです。製作、食事はもちろんですが、お帰りのしたくのときも机といすは出しておいた方がよいと思います。かばんや持って帰る物を乗せながら行うなどやりやすいのです。また、席は決めた方がよいです。子どもたちの状態をよく観察し、揺らぎの多い子同士が近くにならないようにすることが大切です。最初は無理でも、2回目の席替えのあたりから考えましょう。マークはつけた方が、どの子にも基地ができるので気持ちが安定します。あえてつけない園があるようですが、大人でもランダムに好きなところに座るのは結構難しいものです。

＜先生も環境＞

もちろん先生も大きな環境のひとつです。園によって服装はさまざまですが、基本的にキャラクターの強いエプロンやTシャツはそこが刺激になってしまうのでやめた方がいいと思います。私がかつて訪問した園で、エプロン全体がある動物になっているものをつけている先生がいましたが、私でさえ目が釘付けになってしまいました。服装は柔らかいパステルカラーで無地に近いものがよいのではないでしょうか。

各園で言われていると思いますが、長い髪はまとめてください（長い髪にこだわる子がいます）。前髪はとめて、目がきちんと出ているように。髪飾りはつけてもよいですが、キラキラしたものはやめた方がいいと思います。キラキラしたものに特に反応してしまう子も多いからです。

Check Point 30

先生も、環境のひとつです

先生も、この子たちにとっては環境のひとつです。この子たちへの対応としては、刺激のない無地に近い服装が理想です。光るもの、長い髪など、こだわりにつながるものは避けた方がいいでしょう。

時間的に整理してみる

　物理的整理のあとは、いよいよ時間的な整理を考えてみましょう。時間的な整理、すなわち保育プログラムの見直しです。保育プログラムの見直しは、大変なことでしょう。しかし私は、各園でいろいろな方針やスタイルがあることも承知したうえで、この提案をしたいのです。こういった子どもたちが確実に増えている現実を考えると、保育スタイルによってはとてもわかりにくい毎日になってしまっている場合が多いからです。

　「自主性」や「考える力」を大切に、「イメージを豊かに」し「思いやり」や「友だちとの関わり」を身に付けていく。保育者はそれに対して適切な準備・対応・配慮をし、子どもたちの成長を見守っていく…。保育や幼児教育の基本理念は、こうしたものであることが多いでしょう。しかし、具体的な保育方法に関しては、要配慮児も含めたどの子にとってもわかりやすい保育をまず提供してほしいと思います。では、わかりやすい保育とはどういうものでしょうか。やはり最初は、ほぼ決まった流れで行うプログラムの提供が必要なようです。

　だいたいこのような形が多いでしょうか。

〈保育の流れ〉

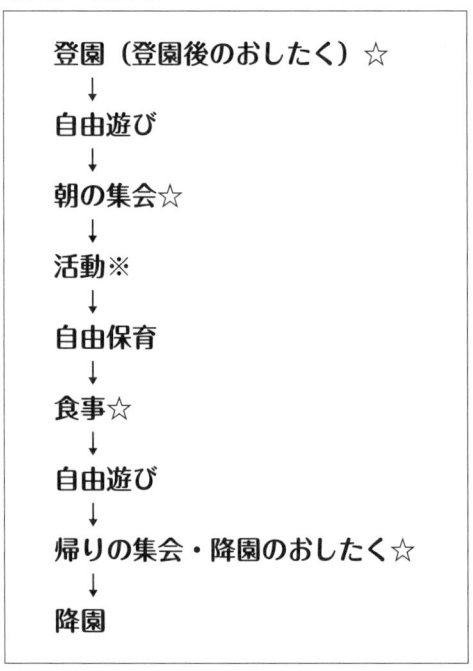

登園（登園後のおしたく）☆
↓
自由遊び
↓
朝の集会☆
↓
活動※
↓
自由保育
↓
食事☆
↓
自由遊び
↓
帰りの集会・降園のおしたく☆
↓
降園

Check Point 31

保育の流れをわかりやすく！

この子たちにとって、自分でやることを考えなくてはいけない時間はつらいものです。最初のうちは、決まった流れで行うプログラムを続け、それをわかりやすく目に見える形にしておくと入りやすいです。

彼らにとっては、見通しが立たないことが一番不安ですので、このように、流れが明確な方がわかりやすいのです。園によっては、入園後慣れるまでは自由保育をし、4月中旬ぐらいに時間割通りにするところもありますが、要配慮児が多くなった現在では、実は逆のような気がします。つまり、ある程度の流れを決め、最初から机といすを出して、今していることを明確にした方が落ち着くのです（もちろん最初は確かに慣れないですから、時間を短くして食事前に帰宅するという形でもよいのですが）。意外なようですが、最初からきちんと形を決めた方が安定します。そして2〜3ヶ月すぎてそのプログラムがしっかり身に付いたら、違う場所での活動や違う手順に挑戦するなど少し混乱を用意していくとよいでしょう。

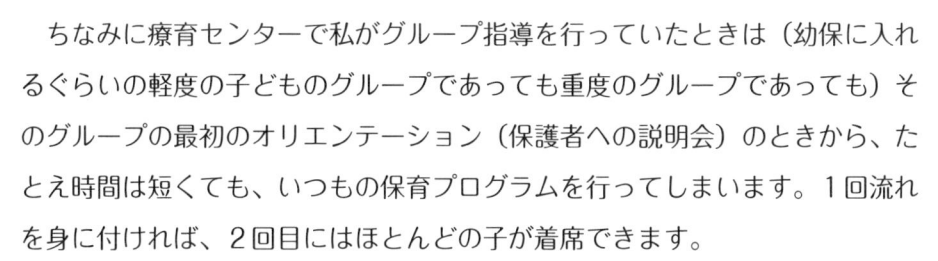

　ちなみに療育センターで私がグループ指導を行っていたときは（幼保に入れるぐらいの軽度の子どものグループであっても重度のグループであっても）そのグループの最初のオリエンテーション（保護者への説明会）のときから、たとえ時間は短くても、いつもの保育プログラムを行ってしまいます。1回流れを身に付ければ、2回目にはほとんどの子が着席できます。

　34ページのプログラムでいうと、毎日同じ形で展開される箇所は☆印のところです。ですからこの☆印のところから取り組むのがポイントです。※印の活動は、毎日違うことを行う時間です。たとえば昨日はクリスマスのリース作り、今日はお絵かきというように、毎日違うことを身に付けるのは大変なので、ここは無理にみんなと同じにさせなくてもよいのではないかと思います。他の子の指導が終わったら介助して完成させる、ぐらいでよいのです。年長組では、クラスでディスカッションなどという時間が多くなると思いますが、この子たちにはこうした「意味理解」が不可欠な活動への参加は難しいものです。その場合は無理をせず、その子なりの教材を与えて、その時間を落ち着いて過ごせるようにしてもよいのではないでしょうか。

　非常に自由時間が長いタイプの保育をする園がありますが、場合によってはトラブルが多くなってしまったり、生活習慣ひとつ身に付かずに卒園してしまったりすることがあります。保育プログラムを、もう一度見直していただきたいと思います。

Check Point 32

活動のときのプログラムは無理しない

おしたくなどの生活習慣的な毎日同じことが続くものはきちんと身に付けていきたいですが、毎日違うことをする活動のプログラムは、無理しないでください。みんなと一緒にできなくても焦ることはありません。

聴覚的に整理してみる

　物理的整理・時間的整理に続き、ここでは聴覚的整理について考えます。彼らのことばの特徴・意味理解上の特徴をある程度ふまえた上で、日常生活の中の聴覚的な整理を心がけましょう。

　まず、外からの刺激を整理しにくいのが彼らの特徴ですから、主リーダーの先生が話しているときに、同時に副リーダーの先生が何か話すと混乱してしまいます。よく見られるケースとして、リーダーの先生がみんなに対して話をしているとき、副リーダーや加配といわれる保育者の方が、その子の耳元でこちょこちょ「ほら＊＊でしょう。きれいだね」などと話しかけていることがありますが、その子にとってはとても気が散りますし、リーダーの先生に注目ができません。

　また、メインの流れを作っていく主リーダーの先生が説明するときは、多弁な子の発言はあまり拾わないで、そのまますすめた方がよいようです。それを全部拾ってしまうと全体に話がわからなくなります。

　聴覚的な整理には５つのポイントがあります。

ポイント１　やさしく短く結論から

　この、「結論から」というのが大切です。「どうして〇〇ちゃんはお靴はかないのかなあ」ではなく「〇〇ちゃんお靴をはこうね」です。

　また、これもかなり多く見られる例ですが、「靴はきます」「帽子かぶります」といった一人称のことばかけや指示をしていることがあります。しかしこれもやめた方がいいと思います。やはり「＊＊しようね」と自然に話す方がよいでしょう。特別な施設だけで暮らすならともかく、これから出会う多くの周囲の方が「＊＊します」などということばかけをするとは限らないからです。例えばコンビニの店員さんは「かご持ってくださいね」あるいは「かご持とうね」と言うのではないでしょうか。この場合、言い方やトーンのきつさも非常に気になるところです。先生が「＊＊しようね」ということばかけに変えたら、周囲の子どもたちも落ち着いたとか表情が柔らかくなった、という報告を受けます。

Check Point 33

ことばかけは、やさしく結論から

どうして〇〇しないのかなあ？　や、どうしたらいいと思う？　などのことばかけは混乱します。ずばり「〇〇しようね！」と結論から話しましょう。

ポイント2　手を添える

「～しようね」と言いながら、子どもの手に先生の手を添えて介助します。最初に完成形で介助し徐々に介助を減らします。介助は100％→0％が基本的なやり方です。

ポイント3　声のボリュームを落とす、スピード、トーンに気をつける

ボリュームは絞った方が注目度が高くなります。まとめたいと思って大声で話す先生のクラスは逆に落ち着きがありません。また抑揚や間の取り方も工夫してみるとよいでしょう。大切なことを話すときはいっそう声を絞り、「ここからが大切ですよ」などとしてみたり、ちょっと間をあけたり、など話し方に気をつけてみましょう。スピードについては、もちろん早口だとわかりにくいですが、ゆっくりすぎても気が散ってしまいます。トーンとは口調や声質などのことですが、子どもが落ち着く声のトーンが確かにあります。

どのようなボリューム、スピード、トーンの時に子どもが一番落ち着くのか実際に保育しながら探してみてください。

ポイント4　抽象的なことばはなるべく使わない

あっち、こっち、そば、反対、など日常的に使ってしまうのですが、要配慮児にとってはわかりにくいものです。子どもに近づいて手を添えながら「棚の上に置こうね」などと指導した方がわかりやすいです。

ポイント5　しかる、おどす、はしない

これは、悪いことや危険なことをしてもしかるなということではありません。基本的にはしからないですむ方法を考えなければいけないということです。しからなければならない状況にしない配慮が大切です。この子たちに過去の反省や、因果関係の理解や罪の概念を理解させることはとても難しいことです。やめるどころか、ますますエスカレートする場合もあります。

Check Point 34

抽象的な指示語は使わない

あっちに、こっちに、このあいだに、このそばに、反対に、など、抽象的な指示語は難しいです。手を添えながら、「お靴置こうね」などと具体的に言い、正しい場所に置けるよう介助しましょう。

Check Point 35

しかるのではなく、しからない状況をつくる

因果関係や罪の概念は、この子たちにはわかりにくいものです。しかるのは効果的ではありません。しからなくてもいい状況をつくることを心がけましょう。

6. 暮らしやすさのための工夫

18歳以降を考える

　先生方や保護者から、「何を目的にしたらよいでしょうか？」という質問をよく受けます。これまでずっと述べてきたように、いくらか改善したとしても、彼らは独特の特徴はそのまま持ちながら生きていきます。それを無理に「治そう」と一生懸命取り組んでも、この子たちにとってとても苦しいものになります。また逆に、「愛とヒューマニズム」だけを基本に何も規制せず、生活しづらくなってしまった例も知っています。暮らしや日常生活がいかに大切かは、後々までフォローすればわかることです。ですから、要配慮児への対応の究極の目的は、彼らの将来を考え、「難しい子にしない」「生活しやすくする」ということになります。

　なぜ18歳以降というのかというと、18歳まではある程度行くところがあるからです。しかし人間は、それ以降の生活の方が長いのです。生活とは何かを手短にまとめると、究極的には次の要素になります。

> 「行ってきます」と行くところがあり、「ただいま」と帰るところがある。
> 問題行動がなくて余暇が過ごせる。

　これだけのことです。つまり「行ってきます」から「ただいま」までのあいだは、その人の持っている能力や状態によって違うだけです。一般就労できる人もいるかもしれませんし、福祉的な場所（通所施設や作業所など）に通う人もいるでしょう。これが生活です。そしてこの生活をするためのポイントをきわめてシンプルにまとめると次の4点になります。

> 1　生活のリズムが安定している
> 2　身辺のことがある程度自分でできる
> 3　問題行動がない
> 4　余暇が過ごせる

　生活のリズムが安定していると、情動が安定します。私たちは多少状態が悪くてもだいたい一定の調子で生活できます。意識の力がそうさせているのです

Check Point 36

「治す」のではなく、暮らしやすくなるようにすること

難しい部分を持ったこの子たちに重要なのは、将来、より暮らしやすくなるようにすることです。それには、シンプルにいうと4つのポイントがあります。生活リズムの安定、身辺のことが自分でできる、問題行動がない、余暇が過ごせる、の4点です。

が、それが弱いと生理的な状態が表に出てきてしまいます。情動の安定のためにこの子たちにはいっそう生活のリズムが大切なのです。

　身辺のことが自立できていれば、18歳以降の選択肢は広がります。しかし全部自分でできなくても、こういう介助があればできるということがわかれば、そういう介助があるところで生きていけばいいわけです。

　問題行動がない、というのも大きな要素です。知識や能力がある程度あっても、人に迷惑をかけるような問題行動が多いと世間の理解は得にくいものです。しかし、その問題行動も、就学前にまわりにいる幼保の先生方の考え方ひとつでなくすことができるものがほとんどです。

　余暇が過ごせるというのは、何気ない時間を過ごせるものを持っていることです。私の経験では、知的障害の程度が重度であっても軽度であっても、これを持っている人はうまく生活できていました。ちょっとしたものでも、その子が好きで集中できるものがあればよいのです。小学校低学年ぐらいまでにそういうものを探せるといいと思います。例えば「絵を描く」。ある子は絵巻物を写すことが好きであったりしました。あるいは「字を書く」。人の名前をひたすら書く、文章を写すなどが好きな子もいました。「何かを作る」。これも割合多く、紙の工作、粘土、プラモデル、切り紙細工、などなど、どんなものでも一定の時間、人に迷惑をかけず過ごせるということ、それが余暇を過ごすということです。また「家族で」週末などを過ごすことができるか、ということも大きな要素です。保護者がこまめに地域のイベント（大学祭、フリーマーケット、地区センターの催しなど）の情報を集め、家族で楽しく参加するなどといった過ごし方ができると、なお生活しやすくなります。そういった過ごし方ができるためにも、生活のリズムを正しくして情動を安定させることや、問題行動がないことが前提になります。

Check Point 37

余暇の過ごし方はなんでもいい

一定の時間、人に迷惑をかけずに（人の手もかりずに）、自分で楽しんで過ごせるというものならば、なんでもいいのです。自分の自由な時間の過ごし方が見つかれば、生活がぐんと楽になります。

生活リズムの安定

「生活のリズムを整えることが大切」ということは、先生方はわかっていてくださることですが、一般に保護者はそれを体を丈夫にするためと思っていることが多いものです。確かに結果的には体も丈夫になるのでしょうが、それより先に情動、つまり感情の動きの安定のために、生活リズムの安定は必要なのです。

療育センターで子どもの状態がある程度把握できた後、保護者の方々にまず最初に取り組んでいただくのはこれです。人間は、暗くなったら寝て、明るくなったら起きる動物だったのですが、電気を発明したために、暗くなっても起きていられるようになってしまいました。人間の脳の中は生命の発達や生活のために、いろいろな物質が放出されバランスをとっているのですが、それらは出る時刻と量が決まっています。つまり不規則な生活をすることによって、出ては困る物質が出て、出てほしい物質が不足してしまいます。脳の奥の方のこの作用が中間ぐらいの脳の働き、つまり情動を司るところに影響してくるのです。

生活のリズムを整えることは次のことのために必要であると、私は保護者の方に伝えてきました。

1　不快な状況が減り、快の状態が多くなる（気難しい状態が減る）。
2　いろいろな周囲の刺激を整理して吸収しやすくなる。
3　ちょっと不愉快なことや予想に反したできごとがあっても立ち直りが早くなる。

月曜日や連休のあとなどに、クラスの子どもたちが落ち着かず不安定になりトラブルが頻発するのは、園の現場にいる先生方なら経験していることだと思います。また不規則な生活がかつてより多くなり、中学生ぐらいで「きれやすい子」が増加したといわれるのも、こういったことが原因といえるかもしれません。

要配慮児の生活のリズムを正しくしていくには、詳細に吟味した特別な指導方法が必要です。なぜなら、問題のない子よりもともと生活のリズムがつかみにくい子が多いからです。参考までに私が就園前のグループで指導してきたこ

Check Point 38

**生活リズムの安定
＝情動の安定**

生活リズムの安定は、情動を安定させるために必要です。もともと不安定な子たちですから、精神的な安定をつねに重視し、生活リズムの安定を心がけましょう。

とを書いてみます。具体的にはリズム表を4週間ぐらいつけていただき、その家の特徴を把握してから助言します。例えば午前中の運動量が問題な子には「午前中の運動量が足りないみたいね」だけじゃだめなのです。「いつもどこの公園で遊んでいるの？」と聞き、その上で「もう少し向こうの＊＊公園で遊んでみたら」とか「買い物は午前中にしようか」など具体的に指導します（もちろんその家族の状態を考慮に入れてなのですが）。

園に入る前の子たちには基本的に次のようなポイントを話します。

> 1　早く起こす…いっぺんに2時間早くではなく30分ぐらいずつ早く起こす（早く寝かせるより早く起こす方がやりやすい）。
> 2　3食の時間を一定にする（食べても食べなくても）。（食事の時間は体温や体調などに影響を与えます）。
> 3　お昼寝を短く（というより夕寝をさせない。夕寝を早い時刻に持ってくるか、夕寝をさせず夜眠る時間までもたせるかがコツ）。
> 4　午前中の運動量を考える。

3のことでいえば、朝公園に行く前に昼食を作っておいておくというのをすすめています。帰宅してから昼食作りをしていると昼食の時間がずれ、結局昼寝の時間が遅くなるからです。

園に入ってからは、帰宅後のリズムの作り方が大切です。夕食はなるべく早くし、夕食のあとお風呂に入り、静かに過ごしながら眠りにつくといった過ごし方です。眠る前に興奮するようなテレビは禁物です。また子どもはちょっと眠気をもよおすと妙なはしゃぎ方をします。寝付きそうな時間に帰宅した父親は、それがおもしろくて興奮させてしまいがちですが、このタイミングで帰ってきた時は静かにしてもらった方がいいと思います。休日の外出は、なるべく早く出かけ、午後早い時間に帰宅しましょう。この頃、夜遅い時間に小さい子を連れた家族をよく見かけますが、そういった育児の結果は数年後に出ますから、精神的な安定のために生活のリズムがいかに大切かは、全園児の保護者にきちんと伝えていく必要があります。子どもを育てるという大きな視点で見て、すべての幼稚園や保育園に、この使命があるのではないかと私は考えます。

Check Point 39

人間はもともと昼行性

人間は、生物学的にはもともと、暗くなると休むようにできています。とくに子どもにとっては、早寝早起きのリズムが重要なことを、保護者にも十分説明し、協力してもらいましょう。

生活習慣の重要性

多くの不器用さを持つ子どもたちに、何かを身に付けさせていくためには、どこかの専門機関で1ヶ月に1～2回、何時間か特別な教具や教材で指導されるより（もちろん、そういった専門的指導が特に必要な子もいますが）、「毎日必ず行うこと」に身に付けさせたいことを取り入れてしまう方が有効だと、私は考えます。毎日の習慣の中で知らないあいだに練習を重ねることで、身に付けていけることが多いからです。ですから私は、いつもそのように保護者に指導してきました。毎日必ず行うこと、それは例えば食事とか衣服の着脱です。一日食事や着脱をし忘れたなんていうことは絶対ないわけですから。

園でいえば、毎日必ず行う、登降園時のおしたくもそれにあたります。食事の用意や後片付けもそうです。ですからここに、脳の中のネットワークの基本である「目と手の協応動作」などを組み込むとよいのです。協応動作とは、読んで字のごとく協力して応じる動作のことです。目を使いながら手を使うのです。リュックをフックにかけるという動作ひとつでも、これをきちんと目を使いながら手を使って行うことで、とてもよい訓練になります。毎日行うことで1年に何百回ものトレーニングをしていることと同じことになるのです。

介助は、最初は子どもの手に先生の手をしっかりと添えて行います。つまり最初は100％先生の介助で行うのです。子どもの脳から目や手に命令がいき、自発的に動くことができてきたら、徐々に介助の手を離していくのです。100％からだんだん０％に向かっていきます。

朝のおしたくなどは、園によってそれぞれでしょうが、例えば次のような手順があるとします。

1	靴を靴箱に入れる
2	帽子を棚に置く
3	リュックをフックにかける
4	リュックからシール帳を出す
5	シール帳にシールを貼る
6	シール帳を先生の箱に入れる

このような手順があるとき、1から6までは連続して行い、6が終わったら

Check Point 40

毎日の繰り返しは、一番の訓練

特別な教具や教材を使ったりすることより、日常生活の中で、繰り返し繰り返し行うことの方が身に付きます。丁寧に介助しながら、ひとつでも身に付くようにしていきましょう。

Check Point 41

介助の基本は、100％から０％へ！

この子たちへの介助の方法は、「100％から０％へ」が基本。最初は全部手を添えて行い、できるようになってきたら、少しずつ手を離し、自力でできるようにします。

「はい全部できたね。じゃあ遊んでいいですよ」というように、一連のやるべきことをパターンにしてしまうことがポイントです。ひとつやっては子どもが逃げてどこかに行ってしまい、子どもを戻してまたやらせるといったやり方では行動が途切れてしまいます。

　また、この子たちは刺激に反応しやすいですから、最初から友だちの遊びが目に入ってしまうと、なかなか動作にもどれません。位置や方向を考え、友だちが刺激として目に入らない角度を考えます。時には先生が、刺激を整理するための壁になる必要もあります。このプロセスで、「やる気になるまでことばかけをしながら見守る」という先生が多いのですが、「やる気になる」ということはこういう子たちにとってはかなり難しいことなので、さっと手をとって動作に入ってしまった方が身に付きます。見守るのは、形がきちんと身に付いてからです。

　ことばのところでも書きましたが、ことばはなるべく「やさしく・短く・結論から」です。ボリュームはさげて、「帽子置こうね」「リュックかけようね」などのシンプルなことばかけをし、あとはたくさん言わないようにするのがいいのです。それに付随したことばをたくさん言ってしまうと、指示がわかりにくくなります。そしてことばとともに、手を添えて、毎回同じ形で行っていると、動作とことばが合ってきます。すでに書きましたが「帽子置きます」「リュックかけます」のような一人称の指示は、今後のことを考えると、実際の場面で適していないように思いますし、幼稚園や保育園では不向きのように思います。

　生活習慣の指導をすることに、なぜかとても罪悪感を感じる幼稚園の先生がいますが、この子たちにとって、それが就学前に身に付いているかどうかはとても大きな問題なのです。生活習慣が身に付いていると、生きていく選択肢は広がります。いつか自分の力で、と思っている先生も多いのですが、「いつか」というのはこの子たちの特徴を考えると実は難しいのです。

　日常生活の積み重ねが、生きていくための力になります。奇をてらった指導法、治療法などでは生きていく力は身に付きません。これは、38年にわたり療育に携わった私の実感です。

食事と着脱

＜食事＞

　詳しくは第2章で述べますが、食事についても、「いいパターンを最初から身に付ける」ことが大切です。準備と後片付けは、目や手のネットワークの訓練のためにも、また自立して生きていくためにも必要です。では、食事そのものには、どのようなパターンをつけたらよいのでしょうか。

　偏食が強い子が多いのですが、最初から偏食の指導は難しいものです。食事の指導の第一歩は、とにかく「からっぽにする」というパターンを身に付けることです。わかりやすく、お弁当の場合で考えてみましょう。まず最初は、食べられるものだけを食べられる量で入れてきてもらいます。集中力が続かないので、量を少なくすることがコツです。そのため最初はお弁当箱にこだわらず、小さな容器に入れてきてもらうとよいと思います。そして「全部食べたね。からっぽだね。じゃあ片付けようね」というように指導します。片付けもひとつひとつ確実に行い、終わったあとは、「＊＊をしていてね（例えば、パズルをしたり電車の本を見るなど）」と、やることを明確にすることも大切です。

　いつもならこの量を食べるのに、今日は食べるスピードが遅く、あまり食欲がなさそうで完食しないのではないか…という日があります。その場合は、その子の見ていないところでさっとある量を別の場所（先生のお弁当箱など）に移してしまいます。そして一口だけ残して、「もうこれだけだね。これ食べようね」と子どもの手に先生の手を添えて口に運びます。（本当は全部食べてないのですが）「ほら、からっぽだよ。全部食べられたね」と完食を知らせます。「からっぽ」ということが身に付いたら少しずつ全体量を増やしていけばいいのです。この方法は多くの園で実践してもらいましたが、概ね有効な方法でした。「からっぽにするまでは立たない」という形が身に付くと、逆にからっぽになるまでは立たなくなります。これが定着したら、嫌いなものをほんの少し入れてきてもらいます。それを一番最初に食べさせるのがコツです。そして好物のからあげなどを、すぐごほうびのように食べるようにします。嫌いなものをあとにするのはあまりいい方法ではありません。おなかがいっぱいになって

Check Point 42
からっぽにする、というパターンを身に付ける
ほんの一口から始めて、「からっぽだね」というパターンを身に付けることが重要です。ご家庭にも、お弁当の作り方など協力してもらいましょう。

きたのに嫌いなものが残っている、という状態になるからです。給食の場合も基本的にはお弁当と同様です。量を少なくすること、最初は食べられるものから、です。ただお弁当のときのように必ず好きなものが入っているわけではありませんから、偏食の指導は難しいかもしれません。

　量を自分で減らさせたり、食べられるものを自分で選ばせたりする方法がありますが、この子たちの場合には、あまり有効な方法ではありません。判断自体が難しいこともありますし、目的と違う困ったパターンが身に付くこともあります。子どもの視線が届かないところで、さっと先生方が準備する方がよいと思います。

<着脱>

　幼稚園では制服のあるところがほとんどでしょうが、とりあえず、普段着の場合から書きますので、それに準じてください。この子たちには概ね手指の不器用さがあります。これはすぐには改善しないので、まず素材を考える必要があります。着脱しやすいスウェットタイプのようなものがいいでしょう。上半身に着るものには後ろ側の下の方に二つ印をつけるとうまくいきます。家庭の協力が得られるようなら、提案してみてください。下半身にはくものは前側に二つ印をつけます。そして子どもに対して図のように置きます。印はあった方がいいのですが、どうしても協力が得られないのなら、なしにして置き方と介助を考えましょう。二人羽織のように子どもの手に先生の手を添えて一定のパターンで脱ぎ着します。脱ぐときも、両手でえりぐりを持ちあごをぬくようにすると裏返しにならずに脱げます。裏返しを直すのが大変なので裏返しにならないようにすればよいのです。着脱のとき他の子の刺激が入らないよう、ロッカーの方に向かせるとか、方向や位置を工夫しましょう。

　この食事や着脱における動作は脳のネットワークのトレーニングにもなりますし、何より生きていくためには身辺のことが自分でできるということが、この子たちの大きな力となります。

Check Point 43

着るものには、わかりやすい印をつけて！

協力が得られるなら、シャツは後ろの下側に二つ、ズボンは前に二つ印をつけてもらいましょう。そして子どもに対して図のように置きます。

Check Point 44

着脱の介助は手を添えて一定のパターンで

着脱は一定のパターンで二人羽織のように子どもの手に先生の手を添えて脱ぎ着します。

7. クラス全体のための工夫

一人ひとりの心の受容

　社会構造の変化により、またさまざまな要因で、愛情不足の子が増えているのではないかということは、すでに述べました。要配慮児だけでなく、どの子どもも愛情をもっと求めていて、子どもたちの集団が揺らいでいるという現実があります。このような中で幼児教育の現場にいる者には、従来よりいっそう深い役割が課せられているように思います。

　家庭の次の世界は、幼稚園であり保育園です。しかし子どもは園の集団の中での「みんな一緒だよ」が、実は嫌いです。本当は自分ひとりを見ていてほしいし、受け入れてほしいのです。幼稚園や保育園の先生方は幼児教育の専門職なので、子どもを集団としての子どもとして見がちなのでしょうが、集団だけではなく、先生と子ども一人ひとりとの関係が非常に大切です。集団を落ち着かせるためにも実は、先生と一人ひとりがどうつながっているのかが鍵になります。遠回りのようですが下図のような関係が必要です。

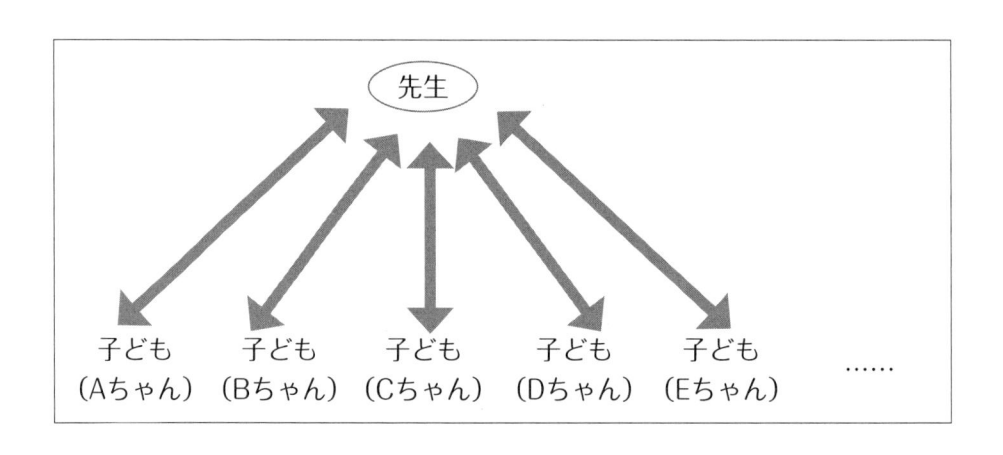

```
              先生
      ↙  ↙  ↓  ↘  ↘
   子ども 子ども 子ども 子ども 子ども ……
  (Aちゃん)(Bちゃん)(Cちゃん)(Dちゃん)(Eちゃん)
```

　みんなの前で一人をほめることもクラスの中では必要でしょうが、それとは別にフリータイムなどを利用して、一人ひとりの子に次のようなことばかけなどができているでしょうか。

　「Aくん、このあいだ＊＊が上手だったね」とか「B子ちゃん、手伝ってくれ

て助かったよ。ありがとう」などなど。

　幼稚園などで、お帰りのときにドアのところに先生が立ち、お母さんにお渡しする前に子どもたち一人ひとりと握手して、今日一日のことを一言ずつお話しする場面もよく見られます。この方法もいい方法ではあるのですが、システムのようになっていて、自分以外の子にも言っているんだということが子どもたちにわかってしまいます。子どもたち一人ひとりが「先生が自分だけを見ていてくれた！」という思いになれることが大切です。「なあんだ、みんなに同じことを言っているんだ！」と感じることは、少し気持ちを萎えさせます。

　これは大人でもそうでしょう。社長から「君は本当によくがんばっているねえ。君には期待しているよ」と言われればやはり嬉しいでしょう。でも見えているところで他の社員にも「君は本当によくがんばっているねえ。君には期待しているよ」なんて同じことを言っているのを見たら、「なあんだ、みんなに言っているんだ…」とがっかりしてしまうでしょう。「自分だけを受け入れてくれる先生という人がいる」という気持ちは、その子を安定させます。

　私が拝見した保育園や幼稚園や小学校の安定しているクラスは、やはり担任の先生のそういう対応がありました。

　また、ある小学校の先生が「学校では授業の時間が一番長いから、一人ひとりに届くわかりやすい授業を工夫することが、学校の先生にとっては一番大切なことだと思う」と言っていましたが、それもまさにそのとおり。園でも同じです。全体に対しての保育や授業がわかりやすいこと、加えて子どもたち一人ひとりと先生とのあいだに個人的なつながりがあること、一見矛盾したようにみえるこのふたつのことの両立が、クラスを安定させます。

　要配慮児への対応の大前提として、「クラス全体の落ち着き」は不可欠なことです。クラスの運営・保育の方法については、今までやってきたやり方があり、こうした視点から単純に方向転換をすることは難しいかもしれません。しかし、クラス全体の落ち着きが子どもたち一人ひとりの、そして要配慮児への対応の基礎になるということを重視し、保育全体を一度見直して丁寧に実行してみていただきたいと思います。

Check Point 45

ことばかけを流れ作業にしない

子どもへのことばかけは、一人ひとりの心にしっかりと届くよう、丁寧に行いましょう。自分が受け入れられているという気持ちは、子どもたちを安定させます。

Check Point 46

クラス全体の落ち着きは、すべての基本

気になる子への対応の大前提になるのがクラス全体の落ち着きです。クラス全体に対してわかりやすい保育をすると同時に、先生と子ども一人ひとりとのあいだに個人的なつながりを持つことがクラス全体を落ち着かせます。

8. 運動における工夫

身体図式の問題

　私たちはいつも体の各部分から脳にその位置が知らされています。どういうことかというと、自分自身で無意識に自分の体の大きさ、姿勢を把握して生きているということです。手の位置、足の位置などの情報が、そこの部位から脳にフィードバックされているので、体の大きさがきちんとわかっているのです。これは、身体図式ともボディイメージともいわれるものですが、だいたい大枠は２歳で完成に近づきます。２歳になった子がお尻の後ろで手を組んでいるところを見ると、「ああ、お尻のあたりが意識できてきたなあ」とわかります。そうすると２歳から３歳になるあたりで、後ろまで手をまわしてパンツをはく意識が出てくるのです。このように、自分の体のイメージがきちんとできあがっていれば、横にわたしたバーを前に、「ここをくぐってごらん」と言うと、どのくらい足を曲げて、どのように関節や筋肉を動かせば向こうに行けるかということが一瞬で判断できるので、上手にくぐることができます。狭いところでも、ここは通れると判断することもできますし、ちょっとした障害物や段差があっても、どのくらい足をあげれば越えられるかということが一瞬で判断できます。

　ところが要配慮児たちのほとんどは、この身体図式（あるいはボディイメージ）が完成されていません。こういったことを考えると、表面上に見えてくる落ち着きのなさだけではなく、体の深い部分での不器用さが際立っているといえます。

　これをわかりやすくいうとこういう状態です。運転免許をとるために教習所に行ってはじめて車を運転したときのことを思い出してください。最初は車の大きさが頭に入っていないので、曲がり角などで、どういうふうにハンドルをきったらよいのかわからなかったでしょう。あるいは行きたくない方向に車がどんどん行ってしまったことなどありませんでしたか。あの状態が自分の体で起こるのです。大変な状況といえるでしょう。

　自分の体の大きさが頭に入っていないので、ものと自分の位置関係もよくわ

> **Check Point 47**
> **身体図式が未完成**
> この子たちは、身体図式・ボディイメージができていません。転びやすかったり、ぶつかりやすかったりするのはそのためです。運動における不器用さもそう。この不器用さの理由を理解し、対応しましょう。

かりません。ですから、よくつまずいたり、人やものとぶつかったりします。

　自分の体のそれぞれの位置がよく脳に入っていないので、脳からの命令や指示がうまく伝わりません。小さな動きはもちろんですが、比較的簡単に見える大きな動きもとても不器用です。体操やリズム運動などの簡単な動きでも他の子と違う動きになったりします。歌の「むすんでひらいて」などで「その手を上に」のときにまっすぐ上に腕が伸びていません。ギャロップ、スキップ、ツーステップなどもとても難しいのです。

　これを例えていえばこのようなことです。すばらしいリズミカルなダンスをするグループがあります。私たちが「あんなふうに動きたい！」と思って同じようにやってみても、まったく違う動きになったりします。頭ではやろうとしているのですが、その命令がうまく伝わらないのです。エアロビクスなども同様で、インストラクターと同じように動きたいのですが、なかなかうまくいきません。このような高度な動きになると私たちははじめて「思ったとおりに動けない自分の体」を意識するのですが、要配慮児はほとんどの日常動作においてこのような困難さに直面しているのです。彼らの体は、「無意識にスムーズに動いている」ものではなく、「しようと思ってもうまくできない、自由のきかない」ものなのです。

　こういった不器用さがこの子たちの日常生活を困難なものにしています。ものを置く、ものを出す、しまう、さまざまな準備や後片付け、運動や遊び、すべてに影響してきます。

　この独特な不器用さをよく理解していただき、園の日常生活の中で、それを少しずつ改善していくための工夫がほしいものです。完全に治るということはないとしても、小さな訓練の積み重ねで少しずつ、この「不器用さ」が改善されていくことがあり、それはなるべく低年齢のうちにした方が効果的なのです。

Check Point 48
体は自由のきかないもの

自然でスムーズな動きができない。この子たちの多くが、ほとんどの日常の動作の中でこうした苦しみを感じていることを、いつも忘れずにいたいですね。

意識運動を取り入れる

　体の各部を協応させて使うことが苦手なこの子たちは、園での日常生活習慣などを通して小さい運動（微細運動）にしっかり取り組んでほしいと思いますが、意識して体を動かす大きい運動はそれに先がけてきわめて重要です。

　日常の中での基本的動作のひとつとして、着席があります。しかし、しっかり姿勢をとって着席することは、体の各部分にきちんと命令を行き届かせなければできません。着席はアウトプット（脳からの命令、指示を出す側面）でいえば、かなり高度なものです。しっかりきちんと動くことができないと、着席の段階まで到達しません。低年齢の子はじっとしているより動き回るほうが得意なのはそのためです。成長すると、例えばつまらない（？）授業でも1時間以上は座っていられることができるようになります。しかし現在、この着席の姿勢が小学生でもとれなくなっているのです。高学年になってもきちんとした姿勢がとれない子が多くなっています。大学生の姿勢の悪さも指摘される昨今です。姿勢が固定しないと、ものが見られないし聞くことも難しくなります。集中力の低下はこんなところにも原因があります。

　ですからまず、体の各部を連動させてしっかり動くプログラムをたくさん行ってほしいのです。普通の発達でいえば、ふだんの動き、坂道を上る、階段の上り下り、などの自然な動きの中での動作が脳のネットワークを作っていくといわれているのですが、要配慮児やそれに近い子どもたちは、それだけではネットワークを構築するのは難しいのです。なぜなら、自然な動きの中では「今右足出した、今左足出した…」などと意識していないため、あまり脳を駆使していないからです。自然の中の遊びを重視している園は多いのですが、それだけではネットワークが形成されない子が多くなっています。意識運動、あるいは意識動作といわれるものをたくさん取り入れてほしいと提案するのはそのためです。

　例えば、飛び石の上を歩く動作などは、かなり脳を使うといわれています。普通のところは何気なく歩いてしまいますが、飛び石はしっかり目で意識しないと渡れません。また「線の上を歩く」というと目で意識して足を線の上に置きながら歩きます。さらに「手を横に伸ばして線の上を歩く」となると手も意

Check Point 49

着席は実は難しい動作

着席の姿勢がきちんととれない子が増えています。着席がきちんとできるかは、集中力にもつながる重要な問題です。

Check Point 50

意識運動を取り入れる工夫を

線やマークの上を歩いたり、音楽に合わせて歩いたり、体の各部を使って意識的に行う動作は、とてもいい脳のトレーニングになります。

識します。さらに「音楽に合わせて」というと耳も意識します。こういうことが意識動作です。このように基本的な運動で「音楽に合わせて線の上を歩く」というような、組み合わせた動きをもっと取り入れてみてください。早く／遅く、などのスピードも加減してみます。スピードでいえば、速いよりゆっくりのほうが難しいのがわかるでしょう。「うさぎさんになって」「ぞうさんになって」などの動きもいいでしょう。線をジグザグにしてもいいし、丸くしてもいいでしょう。マークの上を歩くでもいいでしょう。両足跳びや片足跳びなどいろいろなバリエーションをいれてみましょう。特別の教具や教材を使わなくてもいいと思います。園にある身近なもので工夫できるといいと思います。ある園ではゴム跳び用のゴムを利用して音楽に合わせて順番に跳んだり、くぐったり高さを工夫したりしていました。

　園によっては、外部の体育関係の方々の指導で跳び箱やマット運動など、もう少し高度な運動を取り入れている園も多くあります。また保育園では、わりあい同じパターンのリズム運動を低年齢から年長組まで取り組んでいるところも多いでしょう。それももちろん悪くはないのですが、このような基本的な動きをもっと多様に組み合わせて、クラスごとに楽しくできるものを開発してほしいのです。クラスの子どもたちに合わせて、オリジナルの運動をつくってみるとよいと思います。だんだん高度になったら、一連の流れの中で音楽に応じて静止したり、ある場所に着いたら静止したりというような動作をいれてみます。

　静止は、しっかり意識的に体の各部分を動かす課題ができてから可能になることです。こうした意識運動は、あまり長くしなくてもよいのです。長時間マラソンをさせたり、長時間フリー保育をしたりすることより、15〜20分でもよいので、こういった意識運動をほぼ毎日行う方が、子どもたちの発達には効果的です。

　園で行うのですから、トレーニング的にならないよう「みんなで楽しく」ということも、大切ですね。

Check Point 51

毎日行うと効果的

クラス全員でできる子どもたちに合ったオリジナルの意識運動をつくってみましょう。クラス全体でみんなで楽しくできるといいですね。短時間でも毎日行うと効果的です。

8. 運動における工夫

意識運動の具体的内容

　前項に続いて、ここでは、実際にどういう運動をするといいかをまとめてみましょう。運動面で園で実践してほしいことは次のようなことです。

　◇**初期の感覚を整えるメニュー**

　「見る」「聞く」などの感覚の基になる、初期の感覚である「触覚」や「前庭覚」を整える触れ合い遊びのような要素を盛り込んだメニューを、まず取り入れてほしいのです。大きなホールがなくてもクラスでできる範囲でいいと思います。二人ずつ組になってつついたり、こすったり、揺らしたりする遊びを、歌やピアノに合わせてやってみてください。本当は、もっと低年齢から始めるとよいのですが、いずれにしろ、就学前にこのあたりの感覚は整えておきたいものです。就学後はこのような感覚を整えるための活動がほとんどなくなります。時期が早ければ早いほど効果的であり、苦手さはあっても少しずつ変化していけるものです。

　◇**小さい運動（微細運動）のための機会**

　毎日必ず行うことに、「小さい運動」の要素をいれていくと有効です。つまり、朝のおしたく、帰りのおしたく、食事の準備、後片付けなど園での生活習慣はとてもいい機会です。脳の中のネットワークの要素である「目と手の協応動作」のようなものが必ず入っています。このあたりは介助をしながらしっかり取り組んでみてください。靴を置く、リュックのチャックを片方の手で押さえながらあける、ものを取り出す、フックにリュックをかける…。すべてが重要な協応動作です。しつけのためというより脳のネットワークの練習と考えてください。専門機関に１ヶ月に２回ぐらい通って特別な教具や教材で行うより、ずっと効果的です。生活習慣の指導が強制のように見えるので幼稚園の先生はやや抵抗があるかもしれませんが、実はここで獲得しないと将来の選択肢は狭くなります。

　また本人がそのようなことに取り組みやすくするためにも、他の子どもたちの動作の順序や、ものの置き位置なども、併せて整えておく必要があります。みんな同じ形で置かれていると、目的の形が見えやすいですし、それが一種の強制力になります。同じように行おうとする意識になれます。

Check Point 52

就学前に初期感覚を整える

「触覚」「前庭覚」は、できるだけ低年齢から、遅くとも就学前に整えておきたい部分です。触れる・こする・揺らす、などの要素を取り入れた触れ合い遊びを、まずクラスでの運動遊びに取り入れましょう。

小学校を訪問すると、1年生はきちんとロッカーの中の置き方などが決められていて、そのとおりにみんな置いています。見た目にもそろっています。しかし高学年になるとそういう指導が行われないため、ぐちゃぐちゃになりがちです。要配慮児たちはどのように置いたらいいか混乱し、フックなどにもきちんとかけられないため、持ち物が散乱している様子をよく見かけます。目と手の協応動作の重要な機会ととらえて、丁寧に指導してほしいところです。

◇大きな運動—意識運動・組み合わせた動き

　前項で述べた「意識運動」ということをふまえて、工夫していただきたいところです。自然に、というより、意識して体の各部分を組み合わせて動くやり方です。リトミックのように行ってもよいし、バリエーションをいろいろ考えてゲームのように取り入れても子どもたちには取り組みやすいでしょう。

　ギャロップやスキップができてきたら、コーンをいくつか置いておき、それをさけながら行うなどもいいでしょう。ジグザグにぐるぐるとうずまきを描いて、中心と外側から各チームひとりずつ出発してじゃんけんするようなゲームもよいかもしれません。その際には「早く」というより、「線をふまないように」などのルールの方が大切です。

　跳び箱に乗る、飛び降りる、フープを置いてケンケンパ、巧技台をわたる、など障害物をいくつか置いて行うサーキットのような運動もあります。これも跳び箱の上、フープの手前、巧技台の上の飛び降りるポイントなどに赤いガムテープなどを貼り、一つひとつの動作を「早く」ではなく、その印のところで、「きちんと止まり、体を制御しながら行う」ということが大切です。

　このように日常のプログラムでも、少し工夫することで、ネットワークのための練習ができます。全体的にはみんなで楽しくという雰囲気が大切です。それが園で取り組む最大のメリットではないかと思いますが、盛り上がりすぎて、本来の目的からはずれてしまわないように注意しましょう。

Check Point 53

みんなで楽しく！が一番のメリット

園で運動遊びをする一番の長所は、みんなで楽しくできること。楽しい雰囲気の中でみんなでできるのが、幼稚園・保育園の現場の一番の長所です。

9. 遊びと人間関係における工夫

イメージの共有の難しさ

　私が、「友だちとの遊びはイメージの共有ですから、この子たちにとっては最も難しい課題です」と話すと、たいていの園の先生方は驚きます。遊びはいうまでもなく、子どもの生活の中心ですし、いわば子どもたちにとっては必須の「仕事」のようなものです。しかしその「遊び」がこの子たちにとって最も難しい課題なのです。このことがわからずに、先生方が逆に一番力を入れてしまうのがこの「友だちとの遊び」です。その結果、トラブルがおこりパニックに発展してしまうことが多いのです。

　要配慮児と思われるほとんどの子は「追いかけっこはできるが、鬼ごっこはできない」という特徴を持っています。これはどういうことでしょう。鬼ごっこは「鬼になるのが嫌だ」というイメージが全体に共有されないと、遊びが成り立たないのです。鬼になるのが嫌なので必死に逃げるわけですし、鬼になったら一刻も早く他の子に渡したいので必死に追いかけるわけです。「鬼になるのは平気だよ」という子がひとりでもいたらこの遊びは成立しません。簡単なように見えますが、追いかけっこと鬼ごっことのあいだには、大きな開きがあります。鬼ごっこには、全員で共有しなければいけないイメージ＝ルールがあるのです。要するにルールというものは「暗黙の了解」です。先に述べた、「目に見えないものや目に見えないことは理解しにくい」という特徴にもどって考えるとよくわかるのですが、このイメージの共有は本当に難しいのです。

　一番簡単な鬼ごっこでさえ理解できないのですから、こおりおに、たかおに、フラワーバスケット、かくれんぼ、どろけい、などのさまざまな発展形や役割の交代などはこの子たちにとってはどんどん難しくなります。ドッジボールなども「ボールに当たったら外に出る」ぐらいのことは理解できても、「誰かひとり敵に当てたら中に入れる」となると理解できない子が多いのです。第一、敵や味方ということ自体がイメージですから、これもとてもわかりにくいのです。私はかつて小学生になったこのような子たちの休日の遊びの活動を組織していたことがあります。高学年になっても敵、味方の考え方が理解できな

Check Point 54

イメージの共有は集団遊びの必須条件

集団での遊びは、ひとつのイメージをみなが共有することから始まります。だからこそ、この子たちにとって難しいのです。

いので、ドッジボール、バスケット、サッカーなど、どんな遊びでもチームでやるときに敵にボールをパスしてしまう場面がよくありました。普段の友だちとの遊びの中でそのようなことをすれば、とがめられてしまいます。

　余談ですが、私の行っていたその活動は、大学生のお兄さんお姉さんが参加してくれていたので、ふだんは遊びに入れない子たちも楽しく過ごせるよう、多少ルールがわからなくてもうまくフォローしてもらいながら遊ぶ活動でした。このようなものは、今後この子たちの居場所としてもっと必要かもしれません。

　通常の発達の子どもたちは、その場でじゃんけんで決めた敵味方をなぜ一瞬で理解できるのでしょうか。逆にその能力の高さに私はいつも感心します。

　研究会で「しっぽとりに参加できた」という記録にあい、「しっぽとりのルールわかるの？　難しいけど、できているんだね」と先生にたずねると、しっぽをとられると大泣きとのことでした。それはルールがわかっていなくてしっぽをつけて逃げまどうのがおもしろいだけ。「つまり追いかけっこだよね」と言うと「よく観察すればそうでしたね」と、園の先生は納得します。

　鬼ごっこのルールの理解でも難しいのですから、ままごと遊びのように、一定のルールではなく、それぞれの役割があり、すべてイメージで行う遊びはさらに難しいことです。

　4歳後半から5歳になると、一定のルールを変幻自在に変えて仲間と遊ぶようになります。一瞬にしてみんなでそれをイメージして遊ぶことができるのです。遊びが高度になればなるほど、参加が難しくなりますから、この子たちには、「参加したいのにできない」という不全感が募ります。5歳児になって友だちへの乱暴などの行動が増えてしまうのにも、そういった理由があります。この子たちにとっては、遊び自体が、とても難しいものであること、もしかしたらとても苦しいものであることを、知っておいていただきたいと思います。

Check Point 55

遊び時間は危険な時間帯

友だちとの遊びは、つねにイメージが必要なので、それが苦手なこの子たちには、かなりストレスになります。無理に取り組ませようとするのは、本人にも、周囲の子にも辛いものになってしまいます。

Check Point 56

5歳児でトラブルが増えるのは…

5歳児になると、遊びがどんどん高度化します。この子たちの多くが、それについていけず、「参加したいのにできない」という不全感を持ってしまい、その結果、トラブルになってしまうのです。

発想を転換してみる

　前項で、「友だちとの遊びはイメージの共有」であり、イメージがうまく描けない子には、遊びはとても難しい課題であると書きました。それでは、そういう特徴を持った子どもたちに対して、先生方はどのように理解し対応したらよいのでしょうか。

　この子たちのフリータイムの状態を見ると、ひとり遊びが多いのに気づくでしょう。パズル、電車や車関係の絵本を見る、外では三輪車か水遊び、固定遊具も好きだったりします。結構多いのが虫探しです。どれもひとりでできるものです。そしてあまりイメージを必要としません。

　園の生活は、みんなと共に行わなければいけないものが多いので、フリータイムにひとり遊びをして過ごしても、それはそれでよいのではないか、と思います。「他のお友だちと遊べない」というネガティブなとらえ方ではなく、「ひとりで好きなことを楽しめる」と発想を変えて考えたらどうでしょう。

　しかし4歳児、5歳児になるとクラスのみんなで、あるひとつの遊びやゲームをする時間もあるでしょう。そういう時は先生がこの子たちの特徴をよく理解して、媒体になったり、代弁したり、一緒に同じ役になって動いたりして、さりげなく介助しながら参加するようにしたらいいでしょう。フラワーバスケットのとき、一緒にあいているいすを見つけて動いたりしてもいいでしょう。しかしその子があまり嫌がるなら、そういう参加の仕方はやめた方がいいかもしれません。理解できないことに参加を強要すると、パニックになってしまうことがあるからです。

　それより、その時間を利用して、逆に「この子の好きなことを見つけてあげる」といったことができるとよいのではないでしょうか。この子たちにとって何気ない時間を過ごす好きなことがあるかないかは、その後の人生において、大変重要です。自分だけで自己統制できる好きなことが見つかると、いわゆる「余暇」の過ごし方が見つかることになります。

　机の上でできることでいえば、紙や書くものを与えてみるとか、工作らしきもの、パズルなど、好きなことや得意なことが見つかるとよいと思います。あとあとまでフォローするとわかるのですが、そういうものがあるかないかは、

Check Point 57

ひとりで楽しめる！という発想転換を

フリータイムに、友だちと遊べないということを、ネガティブにとらえていませんか。フリータイムにひとり遊びをして過ごすことは、「ひとりで好きなことを楽しめている」と考えていいかもしれません。

生活の中でとても大きなポイントです。

　逆にいうと、彼らのこれからの人生の中で、いっぺんに30人と交わるような場面は、実はそう多くはないのです。大人になっても、だいたい自分のまわり数人とのやりとり、あるいは指示する人とのやりとりぐらいです。ですから、たくさんの友だちと一緒に遊んだり何か共通の目的に取り組んだりするのが一生の課題とはどうしても思えません。それなのに一番苦手な「友だちとの関わり」の部分を伸ばそうとするのは、本人にとって苦しいだけかもしれません。

　自分だけで過ごせる好きなものがあるかないかは重要です。余暇の過ごし方といっても、特別にそれらしいものにする必要はありません。必ずしもピアノやバイオリンでなくてもよいのです。好きなことは小学校の低学年ぐらいまでに見つかればいいのですが、就学前からだんだん探してみるとよいのではないでしょうか。

　同じ「書くこと」でも字（人の名前など）を書くことが好きな子もいますし、電車や車の絵、アニメのイラスト、それから何かの絵を模写したりするのが好きな子もいます。ゆくゆくは絵巻物を写したり、水彩の絵が好きになったりして、発展していきます。紙の工作やプラモデル作りに発展する子もいます。

　重要なことは、それだけにこだわらせて終了の時間を守れなくなってしまわないことです。ですから好きなことであっても必ず終了時刻を予告し、だんだんと片付けていき、きっちり終われるようにすることです。「＊＊ちゃんは、字を書くこと」で、このフリータイムをひとつのプログラムとすればよいわけです。「自由にみんなと関わりあって遊ぶこと」という、普通は子どもたちにとってとても楽しい時間が、実はこの子たちにとっては一番苦しい時間かもしれない、ということを、先生方は常に理解し、それを踏まえてプログラムをたててください。

Check Point 58

自由な時間は、苦しい時間？

自由な時間に、自分だけですることは見つけられていますか？　これが見つかっていないと、自由な時間は、何をしていいかわからない苦しい時間になってしまいます。

友だちとの関わりを見直してみる

　前項でも述べたように、友だちとの遊びはかなり難しい課題です。それでは、遊び以外の日常的な友だちとの関わりについてはどうでしょう。ここも先生方が一番力をいれてしまうところです。

　しかしこの子たちは、「人と関わる」ということに一番必要な「その場の雰囲気を感じ取る」「相手の立場にたって考える」「お互いの暗黙の了解を理解する」「表情で感じる」ということが苦手な子たちなので、日常的な関わりは、遊びよりさらに難しい課題といえます。通常の発達の子であれば1歳なら1歳なりにそのあたりの発達が確実にあります。それどころか生後4ヶ月ぐらいの赤ちゃんであっても養育者の表情を感じ取る力があります。そういうところの発達がうまくいっていないので、「人と関わる」ことが難しいのです。人との関わりは一番意味を伴いますし、マニュアルにできないことだからです。ですから保育園や幼稚園でこの子たちが生活する最大のメリットは子ども同士の関わりそのものではなく、「多くの子どもたちの中で必要な日常の生活習慣を身に付けていくこと」に尽きると思います。

　席を決めるとき、落ち着きのない子同士をそばに置くと連動してよけい落ち着きがなくなります。またこの子のお世話をしたがる子をそばに置くことも、どちらかというと刺激が多すぎてよくありません。どちらかというと、揺らぎのない落ち着いた子、することがだいたい正確な子が、そばに置く子としては適しています。そういう子は介助も的確で、介助をしすぎず、さりげなくフォローしたりしてくれる子であったりします。また、することが正確であれば、模倣もしやすいのです。

　それから、仲良しの子ができた！　というとき、先生も嬉しくてその相手の子をいつもそばに配置しようとします。しかし気をつけないと、だんだんこだわりになっていきます。相手の子にとってだんだん負担になってくる事態もたくさん見ました。

　年度が替わるとき、「先生や仲良しの友だちを一緒のクラスにした方がよいか」という質問もよく受けます。基本的にはそのような配慮はしなくてもよいかと思います。新しい先生や友だちに慣れていくことも、その子の可能性の広

Check Point 59
子どもたち同士の関わりにこだわらないで
人と関わることが苦手なこの子たち。この部分にあまり頑張らないでください。園生活の最大のメリットは「多くの子どもたちの中で必要な生活習慣を身に付けていくこと」なのですから。

がりだからです。不安だからといってずっとその先生が学校までついていけるわけではありませんから。

　「他の子にどう知らせたらよいか」という質問もよく受けます。確かに目に見えて身体的な特徴がある子にくらべ、一見何の特徴も外見的にはないので、なかなか最初は理解できないかもしれません。しかし私は、基本的にはあえて知らせなくてよいと思っています。それよりも先生がクラス全員の一人ひとりとしっかりつながりあっていることが大切です。「みんな一緒、みんな大切」だけではだめです。

　「先生は自分だけを見ていてくれる」という感覚を一人ひとりが持てるような関わりができているでしょうか。自分を受け入れてくれる人（先生）がいれば心は安定します。そして落ち着くと他の子が見えてきます。思いやりなどは自分が受容されてはじめて生まれるものです。クラスの中に先生が特別手をかけなければいけない子がいることが理解できます。早ければ4歳の始まりあたりに、遅くとも4歳の後半には理解できます。「ずるーい、先生＊＊ちゃんばっかりしてあげてずるーい」などと騒ぐ子はその子も愛情不足であったり、その場の雰囲気が読み取れない子であったりします。「＊＊ちゃんは先生が特別介助しなければいけない子らしい。でも＊＊ちゃんも、かけがえのないこのクラスの一員なのだ」ということをみんなに知ってもらうことが大切です。先生によってはその子にしかできない役割を与えたりして工夫しています。例えば字が読めるからお便り帳を一人ひとりに配ってもらう係であったり、やかんを返したりする役割です。「何かあると大騒ぎする＊＊ちゃんだけど、いつもやかん持って行ってくれてありがとう…」といった気持ちを子どもたち一人ひとりが持てるといいと思います。

　園を訪問するとき、たとえ私が訪問する日がある一日だけであっても、クラスの子どもたちの姿を見れば日頃先生がどういう対応をしているかわかるものです。私は今まで、その子に対する適切な援助とクラス全体を落ち着かせる工夫で、うまくいっているクラスを多く見てきました。その子のことで何かあっても、やさしくねばり強く介助する先生の姿は、クラス全体を変えていくものです。

Check Point 60

他の子には、あえて知らせなくてもいい

子どもたち全員が「先生は自分を受け入れてくれている」という実感が持てれば、クラスは落ち着き、思いやりが生まれます。子どもたちは、やさしくねばり強く介助する先生の姿から、その子のことを理解していくでしょう。

10. 困った行動への対応

判断の基準をしっかりと

　まずしてほしいのは、その行動がそのままでいいのか、なくした方がよいのか、の判断です。幼稚園・保育園の先生方は、その基準がよくわからないのではないでしょうか。私も最初はそうでした。しかしそのことは、後々まで長くフォローし続けてはっきりわかりました。

　「それが身に付いたまま大きくなったら社会的に困ることは、できるだけ早くなくすこと」が最大の基準になります。あるいは「そのまま大きくなったら困ることは、できるだけ早く正しい形に変えること」が考え方の基本です。そしてそれは早ければ早いほどよいのです。

　なぜかというと、この子たちは意外に「自分を他の人の目から見る」つまり自分への客観視ということが育たないのです。先生方は「そのうちに…」とか「いつかは…」と思っているのでしょうが、だいたいの場合、その「いつか」は来ません。

　例えば特に発達に問題のない子（2〜3歳ぐらいの子）が、どうしてもあるおもちゃや人形を手に持たないと外出しない、とします。それでも、その人形を持ち歩く自分を他の人から見ればどうなんだろうか…という第三者的な見方ができるようになれば、自然に恥ずかしくなり持たないで外出できるようになります。遅くとも4歳にはそれが育つでしょう。

　この子たちには、それが育ちにくいのです。会話も算数も国語もある程度できるのに、授業中にみんなの席の後ろで段ボールに入って遊んでいる小学3年生や、同様に学力はあるのに、離席して遊んでしまう2年生などをたくさん見てきました。みんなから離れてそういうことをしている自分を、他人から見るとどう見えるのかということがまったく理解できていないようでした。こういったことは知能テストの結果には表れにくい一面です。理解する前に形に頼りますから、間違った形で身に付いてしまうと修正するのは二重に大変です。どんなことでも最初から、社会的に見て正しい形で身に付いた方が後々難しくならないですみます。

> **Check Point 61**
> **修正はできるだけ早く**
> 身に付いてしまったら社会的に困ることは、できるだけ早くなくすことが対応の一番の基本です。このことに、逡巡は不要です。

> **Check Point 62**
> **そのうち…、いつか…。その日は来ません**
> そのうちできるようになるのでは、いつかこの癖は直るのでは…と思いがちですが、自然と直っていく日は来ません。困った習慣が身に付いてしまわないためにも、早めの対応を心がけましょう。

園で行っていることで、私が訪問して気づく比較的多い困った行動を書いてみます。そして概ね先生方はそれを問題とは気がついていませんでした。

◇移動時に抱っこ

意外に多くの園で先生がこのようにしています（もちろん歩行可能な子に対してです）。スキンシップのつもりか、それとも移動時に脱力して手をつないでもずるずるになってしまうためか、いずれにせよ、これは身に付いてしまうととても直しにくい癖です。後々保護者もこれで苦労します。

◇事務室や職員室で遊ぶ

事務室や職員室には触っては困るものがたくさんあります。他の子の指導のために要配慮児の子を園長や事務職の方に預けてしまうところもあります。それどころか「私のところはなるべくこの子のしたいようにさせてあげたいから…」といろんなものに触らせてしまっているところもありました。これから生きていく生活場面で、事務室や職員室に入って何かをいじってしまってもいいというルールはおそらくありません。その子にいいだろうと思ってさせたことが、逆に大変なことになっていきます。

◇水道で自由に遊ぶ

これもよく見かけます。基本的に廊下や部屋の水道は遊ぶためのものではありません。この子たちの水へのこだわりはとても強いので、よくない形で身に付いてしまうと、その後はそれを正しく軌道修正するのに苦労します。それで苦労した保護者をたくさん知っています。

他にもいろいろ気になることはたくさんありました。少なくとも就学前にこうした点が修正されないと、生きていく先々でとても大変になります。実はそれでも遅いくらいです。本項の冒頭で述べた「それが身に付いたまま大きくなったら社会的に困ることは、できるだけ早くなくす」という原則論を、常に念頭に置いて対応するようにしてください。それでは、どのように対応したらよいかの基本について、次項以降で述べていきます。

Check Point 63

水へのこだわりに気をつけて

水へのこだわりは、数多く見られる問題行動です。これも、社会的に困ることなので、見逃してはいけません。必ず修正しておきましょう。

対応の基本を考える

　その行動をまずなくした方がいいのか、それとも、そのままでいいのかの判断基準については、前項で述べました。念のため繰り返しますが、「それが身に付いたまま大きくなったら社会的に困ることは、できるだけ早くなくすこと」です。ここでは、具体的にどう考え、対応するかについて、考えていきます。ある行動への対応を図にすると、以下になります。

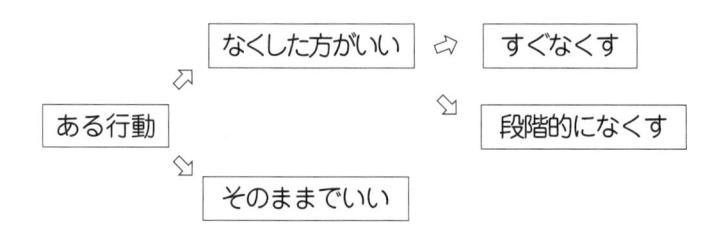

```
                    なくした方がいい  ⇨  すぐなくす
                 ↗                ↘
        ある行動                     段階的になくす
                 ↘
                    そのままでいい
```

　「そのままでいいと思えるもの」とは、そのまま大きくなっても社会的に困らないもののことです。例えば電車の本が好き、パズルが好き、などです（ただし室内を電車の本やパズルでいっぱいにするほど強化すべきではないのですが…）。困難なことをやったあとのごほうびにも使えますし、どうしても他の子と同じ課題ができなかったときに、この子はそれをやることでひとつのプログラムとしての形にすることができます。フリータイムの行動で好きなものによく挙げられる「虫探し」の行動なども同様だと思います。関わり遊びがどうしても苦手なので、虫探しなどはひとりでできる遊びのひとつであるからです。ただ、どんなことも、時間を決めて行うなど、程度は考える必要はあります。

　なくした方がいいと思われる行動のなくしかたは、二通りあります。すぐに（一気に）なくすか、段階的になくすか、です。ここで注意してほしいのは、ほとんどの問題行動は、一気になくした方がいいものが多いということです。前項で挙げた例は、ほとんどすぐに正しい形に持っていった方がうまくいくものばかりです。

　例えば「職員室に入る」という癖をなくす、ということを例にとります。具体的な方法はシンプルです。職員室のドアに鍵をかけてしまうのです。鍵ということにはとても抵抗があるでしょうが、開けられる状態になっていて、しか

Check Point 64

社会的に困るものではないものはOK

ある特定の行動が好きな場合、社会的に問題がなく、ひとりでできる遊びの種類のひとつになるものはOKです。そうしたことは、ひとりで遊べるひとつのプログラムとすることもできます。

も今まで入れてしまっていたら、その方法しかないのです。先にも述べたように、この子たちに理屈で説明しそれを理解させるのは困難なのです。もう少し重度の知的障害の子どもであれば、その説明の理解が無理であるということを先生方はみなわかるのですが、この子たちは、少しわかっている気がするときがあるので、どうしても先生方は理解力を過信してしまいがちです。

他の子への対応で忙しいときに事務の方などにサポートを依頼するのであっても、事務室には入らないということを徹底しましょう。

鍵をかけることで「開かないな、この部屋は」ということが形として頭に入ると、行かなくなります。最初からそのようにすればその形は2～3回で身に付きます。さんざん入室させたあとでしたら7～8回は必要でしょう。いずれにしろ、私の研究会では多くの園が実践し、「そうなのか、この子たちはそういう方法の方が理解しやすいんだ」とわかってくださいました。もちろんそのあとで1～2ヶ月したら鍵ははずせばいいのです。たいていこの方法でうまくいきました。要するに「大切なものが置いてある部屋は入ってはいけない」ということが、理屈ではなく、形として身に付けばよいのです。

研修会である先生が「私たちはどちらかというと、むしろこの子たちのトラブルを増加させていたのかもしれない…」と言っていたことがありましたが、確かに私が見ていると、そんな感じもします。しかし、先生という仕事は、もともと形で入るというより、本人に考えさせたり、理屈で理解させ納得させる、ということが中心になる職業なのですから、仕方ありません。私が再三、発想の転換をと言うのもそのためです。また、丁寧に説明を続けた先生も、まさかそのような（ずっと理解できない）状態が続くとは夢にも思わなかったでしょう。こういうことも、他の子への対応とは違うところです。

> **Check Point 65**
>
> **困った行動をすぐなくすには、形から**
>
> 職員室に入ってしまうなどの行動をなくすためには、まず物理的に鍵をかけて入れないようにするなど、形から入ります。言って聞かせる、納得させるなどの方法よりも、物理的に形で入る方が早道です。

困った行動を段階的になくす方法

　困った行動の中にも、段階的になくしたほうがいいものがあります。それは、以下のようなものです。

- 園のプールにみんなと一緒に入れない
- 登園時の抱っこ
- 名札が胸につけられない

　園のプールにみんなと一緒に入れない、といった場合を例に考えます。要配慮児たちは、どちらかというと水が好きな子が多いので、そういう子の方が少ないのですが、やはり何人かはプールに入れない子がいます。この場合は、プールからバケツで汲んできた水を、離れたところで足にかけることを繰り返します。プールから汲みあげるところをきちんと見せることがポイントです。次の日はもう少し近くでこれを行います。次の日はもっと近くで、というように、次第にプールに近づいていきます。この方法をとった園から、「とうとう最後には他の子どもたちが出たあと、先生と二人で入れました！　でもその日はプールじまいの日でした」と嬉しい報告があったことがあります。このケースでは、次の年は最初から入れたとのことでした。

　次に登園時の抱っこのこだわりについて考えます。これも「いつかは直る」と思っている先生がとても多いですが、子どもによってはかなりとれにくく、その後保護者がとても苦労します。最初は家から最初の曲がり角まで、泣いてもいいから手をつないで歩きます。それを何回か繰り返すと、「あそこに行ったら抱っこしてくれるんだな」という形がわかり、すたすた…と歩くようになります。それが定着したら今度はその向こうのコンビニのところまで手をつないで歩きます。そのときも泣くでしょうが、コンビニのところに行ったら抱っこしてくれる」とわかると歩くようになります。これを繰り返し、歩く距離を延ばしていきます。

　私は以前、こういった子どもたちの2歳児のグループを指導していましたが、抱っこのこだわりがある子どもで、この方法でクリアできなかった子はいませんでした。お母さんたちは「外出することがとても憂鬱だったけど、手をつないで歩いてくれたらこんなに楽なんだって思うようになりました」と報告

Check Point 66

目に見える形で、わかりやすく少しずつ…

目標を定めて、少しずつ、一歩ずつ、できることを増やしていき、最後に100%にする、これが、段階的に問題行動をなくしていく場合の方法論です。

Check Point 67

抱っこのこだわりは要注意

抱っこのこだわりは、そのままにしてしまうと大変です。登園時の抱っこは、目標を決めて歩く距離を少しずつ延ばすようにし、園では不用意に抱っこしないよう、保育者全員のコンセンサスを徹底させましょう。

しくくれました。世間的に「子どもが泣く」という行為が不自然でない年齢、遅くとも3歳ぐらいまでにはできるようにしたいものです。また触覚の過敏があるので、手をつなぐのがもともと苦手というケースもあります。お母さんの手さえ振り払ってしまう子が多いのです。そして多動で、後ろも振り向かずに走って行ってしまいます。だから最初からついついお母さんたちは抱かざるをえないことが多く、年齢があがっても抱っこ癖が続くことにつながっていきます。

　触覚に対する過敏さからか、名札が付けられない子もいます。こうした子は、療育機関にはかなり多いです。園でも時折見かけます。ある地方の療育センターに行ったら、全員が背中に名札を付けていました。しかし名札は胸に付けるものであり、肩や背中に付けるものではありません。嫌がったら最初は肩に付けて、一日一日少しずつ胸の方にずらしていく方法もあります。名札に対する抵抗が特に強い子がいました。名札をひきちぎるので、いつも安全ピンだけにしてしまいます。その子の場合は、まずお母さんに布に名前を書いて縫い付けてきていただきました。服に変なものが付いていますからかきむしります。でも当然とれません。何回かの登園で、平気で普通に遊ぶようになったので、今度は布に名前を書いて一辺だけを縫い付けてきていただいたのです（安全ピンでとめてあります）。ぶらぶらするのでまたかきむしりますが、一辺を縫い付けてあるのでとれません。それで平気で遊ぶようになったのでようやくビニールの名札に変えました。4月から始めた週1回のグループで、名札を付けていられるようになったのは7月のはじめでした。この子はずっと大丈夫だと思います。お母さんも「このグループだけでなく、保育園でも幼稚園でも学校でも名札はあるから、付けられるようになってよかった」とおっしゃっていました。強いこだわりも、このようにステップを踏んで行うととれていきます。段階的になくしていくとはこういうことです。

> **Check Point 68**
> **名札が付けられないときも段階的に対応しましょう**
> 触覚過敏で名札が付けられないという例もよくあります。初めは肩や背に付けて少しずつずらして胸に付けられるようにするという方法もあります。

混乱をおこさない工夫

　研究会などで報告される、混乱を引きおこす困った行動には次のようなものが多いです。
- おもちゃの取り合い
- 順番へのこだわり
- 席立ちの多さ
- 友だちとのトラブル

　これまで、この子たちの特徴（意味理解が苦手、客観視が苦手、形からが入りやすい…）や、困った行動への対応方法（環境を整理して原因をなくす、形でおぼえさせる…）について述べてきました。こうしたポイントをふまえていれば、対応の基本がだいたい理解できてくると思いますが、ただやはり、先生方には、「子ども自身にわかってもらいたい」という気持ちがとても強いのではないでしょうか。

　この「おもちゃの取り合い」は、もちろんどの子にもありますが、この子たちの取り合いには独特のものがあります。おもちゃの細部の特徴へのこだわりに本当に根強いものがあり、園にいる先生なら誰しも経験していると思うのですが、積み木やブロックのひとつにお気に入りができることが多いのです。そしていつもそれを手に持っています。それが手に入らないと大騒ぎします。ほかにもブロックはあるのになぜ？　とよくよく見ると、それにちょっとした傷があったり、何か小さな字が印刷してあったり、ぱっと見ただけでは見落としてしまう特徴があります。ある園では三輪車でした。他にも三輪車はあるのに、なぜかある１台にこだわるのです。それを他の子が乗っていたら大騒ぎなのです。どこが他のと違うのだろう？　と先生方で調べてみたら、ハンドルの下の部分の塗りが少しはげていた、という特徴があったそうです。こういった場合、この細部へのこだわりがトラブルになるのだったら、一時期、それを含むブロック全部や三輪車全部をしまってしまう、ということをおすすめしています。ブロック全部をしまう、三輪車全部をしまう、という発想に、その園の先生は「びっくりしました」と驚いていました。でも、そうして問題の根本をなくすと、あっというまにそのトラブルはなくなるのです。トラブルのもとを

Check Point 69

混乱はもとからなくす

特定のものへのこだわりがある場合、解決の一番の早道は、そのものすべてをなくしてしまうことです。こだわりがなくなったら、再び出してみましょう。

出しておいて我慢させるということは、無理なのです。「トラブルのもとは最初から用意しない」というのが対応のひとつの基本です。

もちろん1〜2ヶ月したら、しまっておいたものをまた出してみます。すると、だいたいそのこだわりがなくなっています。要するに、妙にこだわってしまうものをつくらないということです。

小学校に入ってから、学力はないわけではないのに、ものに対する異常なほどのこだわりが、この子たちの生活をとても苦しいものにしている現実がかつてはもっとありました。お気に入りの消しゴムがないと一晩中でもそれを探します。他のことが手につきません。これに類似した話はよくあります。

「順番」のこだわりについても根強いものがあります。これも園の先生ならみんな経験していることでしょう。「一番」にとてもこだわってしまう場合があります。また本人の好きなようにさせてあげたいと、あえて一番でもいいようにとりはからってしまう園もあります。しかし、最初からこれもこだわりのひとつであることを知っておいてほしいのです。そうしないと後々大変な問題になっていきます。

「＊＊くん、順番ですよ順番」と、どんなにことばだけで言っても理解できませんから、私は低年齢の組にいる頃から、最初から一番ではない方法を少しずつ体験させるように助言しています。例えばどんな場面でも、「じゃ、今日は洋服に赤い色が入っている子から行ってきてね」とか「お名前に"み"がついている子からね」とか、いろいろな方法を体験させていった方がいいと思います。「なんでも形から」という基本とは少しずれますが、ここは固定してしまうと逆に、それにこだわってしまいますので、注意を要するところです。

以上書いてきたように「混乱を用意しない、混乱は最小限に、トラブル癖をつくらない」ということを、日常生活の中で心がけてほしいものです。トラブルをおこしてから、この子たちに因果関係や罪悪感のようなものを理解させようとしている先生が多いのですが、そうではなく、トラブルをおこさない工夫をすることの方が大切なのです。

Check Point 70

トラブル回避の方法はフレキシブルに

順番などをめぐるトラブル回避の方法は、特定の形にせず、つねに変化させましょう。特定の回避パターンが、新たなこだわりを生むことがあります。

10. 困った行動への対応

友だちとのトラブルへの対応

　研究会で最も高い頻度で報告される問題行動の項目は、友だちとのトラブルです。特に4歳後半から増え、5歳になってからが激しくなります。友だちを理由もなくたたいたり、乱暴をしたりすることがあります。

　それはなぜなのでしょうか。友だちとのコミュニケーションの芽生えだからといって、たたいたり、押したりすることを容認してしまう先生もいますが、これは身に付いたらとても困ることです。

　この子たちの特徴を思い出してみましょう。「イメージしたり、考えたり、判断したり、意味を理解する」といったところは、うまく発達していかないのが特徴なのです。幼稚園・保育園の先生方はよくおわかりだと思いますが、4歳後半から5歳にかけて、普通はこの部分が飛躍的に発達します。私の経験では4歳の運動会のあとぐらいから、通常の発達の子とのこのあたりの差が大きくなるように思います。つまり、通常の発達の子はすでに、目に見えない部分を考え、イメージし、感じ取りながら生活し始めるのです。遊びはイメージの共有です。5歳児になれば、さらに高度に、瞬間的に暗黙の了解を相互に感じ取りながら複雑な遊びが展開されます。また会話もそうです。どんなに語彙を知っていても、瞬間的なイメージのやりとりができないと、会話は成り立たないのです。ですから周囲の子どもたちが、少しイメージ力が足りないこの子たちを仲間にいれて、会話をしたり遊んだりするのはかなり難しいことになってきます。

　またさらに困難なこととして、知的障害が重度の子にくらべ、この子たちは、「みんなに加わりたい」「でも、みんなと同じようにできない」というような不全感を持ちやすく、それだけに対応が難しいのです。

　「みんなに加わりたい、でもうまくできない」という感じが常につきまといますから、友だちにちょっかいを出して「キャッ」と言われるのを楽しんでしまうような、表面的なちょっかい遊びをしがちです。リアクションを楽しんでしまうところがありますので、これは注意していないと、ますますエスカレートします。よく観察すると、乱暴される子はだいたい決まっています。同じようなタイプの子やリアクションが大きい子です。その他、月齢が低かったり泣

Check Point 71
ちょっかいは自己不全感のあらわれ
どうしてできないんだろう、という不全感から、ちょっかいを出してリアクションを楽しんでしまうようになります。落ち着いてできる他の活動を用意するのも、解決策です。

きやすい子であったりします。

　また時間帯も決まっています。活動と活動のあいだの、向かうもの・取り組むものがない（あるいは不明瞭な）時間です。小学校でいえば、2時間目の休み時間や、給食の後から掃除に向かう時間帯などです。その時間帯には、（標的になりやすい）相手の子を遠いところに配置する、といったこともひとつの方法です。

　放課後の学童保育活動や、幼稚園・保育園の夕方の長時間保育などの自由時間などは、フリーにしがちなのですが、逆に内容を考えた方がよいと思います。工作やドリルなど何かの活動を用意する方が、この子たちは落ち着きます。何もすることがない何気ない時間が苦手なのです。こういう時間に、かなりの確率で友だちとのトラブルが発生します。

　ある園では、「活動と活動のあいだの時間を狭くしました」という報告がありました。あいている時間を、具体的に次の活動に向かうための準備の時間として設定したら、確かに友だちとのトラブルは減ったそうです。

　5歳児になると、どうしても話し合いの時間も必要ですし、話し合って考えさせて解決していくプロセスは通常は必須の課題です。もしこの子たちをその中に入れるのであれば、その場合も先生が仲立ちしたり代弁したりして上手な助け船を出すことが大切です。

　この子たち自身にトラブルそのものの因果関係を考えさせるのは難しいですし、仲裁したり、ある種のお説教をすると、そのことがまた逆に嬉しいことになってしまい、問題行動がエスカレートしていくこともあります。「なるべく混乱させないこと」「トラブル癖をつくらないこと」が友だちとのトラブルを減らす基本になります。

Check Point 72

特定の子がターゲットになっていませんか

特定の子がちょっかいの対象になっている場合は、その子を場所的に離すなど、物理的な工夫もしてみましょう。

Check Point 73

仲裁とお説教は逆効果

トラブルは、回避するのが第一。仲裁やお説教は、逆にリアクションを期待させて、次のトラブルを誘う場合があります。

パニックへの対応

　パニックに関してはいろいろな説があります。しかし、多くの事例を見てきた私としては、やはりパニックは一種の混乱ではないかと思っています。脳の発達でいえば、「考える力、意味理解する力、イメージする力、判断する力」をコントロールする部位の発達があれば、いろいろなことが理屈でわかるので、あのようなパニックは基本的にはおこらないと思います。つまり、その前の段階、怒り、恐れのようなものを司るあたりで発達が混沌としていると、何かにつけパニックになるのではないかと思います。

　例えば「予防注射」を例にとって考えてみましょう。多くの子は最初は泣いてしまっても「これは風邪にならないようにする注射なんだ」ということが考え方として納得できれば、そのときから、痛みは昨年と変わらなくても、痛みを我慢することができます。そして、ある日から子どもは、注射でいちいち泣かなくなります。これは大きな発達のジャンプです。この子たちのパニックも、例えてみれば、こうしたことの裏返しなのではないでしょうか。ある不快な状況があったとき、それを「考える力」で乗り越えられないがゆえにおきる混乱なのだろうと思います。不快な状況であっても、それが必要なものであれば、泣いてもクリアしなければならないし、またそれがパターンとして定着すればできるようになるので大丈夫ということはすでに述べてきました。パニックになってしまったときの対応は、基本的には「なだめたり、ことばかけをしたりしないこと」なのです。またぎゅーっと強く抱きしめて対応する先生が多いのですが、スキンシップの不足でこうなっているのではないので、逆効果です。本当はそっとしておくことが一番なのです。

　しかし日常の保育で大騒ぎされると、他の子どもにも影響してしまいます。できれば廊下などのコーナーに衝立などを置いて何も刺激のないところを作れれば、そこにつれていって静まるのを待つのもひとつの方法です。

　とにかく、「混乱を不必要に用意しない」ということが大前提です。園にコンサルテーションに行くと「ああ、このやりかたではそのうちパニックになるなあ」と、私が見ていても予測できる場面があります。とにかく本人にとってわかりにくい状況が続くと不快な状態になり、パニックがおきやすくなるので

Check Point 74

パニックの原因は、理解力の不足から…
恐れを意味理解の力でコントロールできないがゆえに、パニックを起こします。混乱を最小限にし、わかりやすい時間を過ごすことがパニックの予防になります。

Check Point 75

パニックの対応はそっとしておくこと
抱きしめたり、なだめたりという対応は、逆効果。刺激のない場所でそっと落ち着かせるなどして、様子を見ましょう。

す。

　パニックを防ぐ上で基本になるポイントは以下の通りです。

* 　予測できるパターンを見つけること
* 　パニックの原因を取り除くこと
* 　生活のリズムの安定
* 　課題が合っているかどうかの判断
* 　向かうもの・取り組むものがあり、それがわかりやすいものかどうか
* 　使っていることばの吟味
* 　表情

　こうした基本を見直すと、パニックが予想でき、その原因を取り除くことで、パニックを防ぐことができます。

　ことばの吟味というのは、その子がわからないことばを使ってしまっていないかと検証して話すということです。わからないことばは混乱のもとになります。

　表情というのは、対応の際に適切な表情をとっているかということです。困った行動に対しては、怒ったりにこにこしたりではなく、表情をなくして対応するのが基本です。

　それから、その対応の仕方をどの先生も一致させておくことが大切です。対応がそれぞれ違うとますます混乱します。例えば、「そっとしておく」という対応をすると決めていても、ある先生がそれに耐えられず違う方法でフォローしてしまうと子どもの混乱は長引きます。

　また場所や設定がいつもと違うと大騒ぎになるので、予めその場所に慣らすとか、前もって予告しながら行うなどという工夫も必要です。

　成長によってある程度園生活の中でパニックが減ってきたら、今度は新しい設定や内容にチャレンジするのも、もちろんよいのではないかと思います。その場合でも無理せずに、「だんだんに、少しずつ」というやり方で、広がりを身に付けていくとよいのではないでしょうか。

Check Point 76

パニックの対応は全員で同じように

他の行動に対してもそうですが、パニックには、先生たち全員が同じ対応をするように気をつけましょう。違う対応をする先生がいると、その先生へのこだわりが生まれてしまいます。

11. 行事のすごし方

行事への取り組みを見直してみる

　前項まで、日常生活における問題行動への対応について述べてきましたが、ここでは、保育の中の特別な時間や行事に対する考え方の基本について、考えておきたいと思います。ある研究会で、「お泊まり保育のときこういう対応をしたのだが、それがどうであったか…」ということを、時間をかけて発表した先生がいました。多分とても気になったのでしょう。私は「お泊まり保育は一生の重要課題ではないから、それほど考え込まなくてよいですよ」と助言しました。

　もし、自分の家以外の場所に泊まるということの体験が目的であれば、次のような方法があります。これは、以前私が見た子で、自分の家以外では寝られないという子の例です。このケースでは、まずおばあちゃんの家に泊まる、次に家族でコテージタイプの貸し別荘のようなところに泊まる、そして最後にいろいろな人がいる旅館に泊まる、というように段階的に取り組みました。はじめてのことに敏感で、お泊まり保育で他の子が眠れないほど夜大騒ぎになることが予想されるなら、このように段階的に泊まれるようになる工夫をしてもよいかと思いますが、本当にそれが必要かどうかの話し合いを、保護者と持つことをおすすめします。

　研究会でも必ず話題になるのが、運動会や発表会やお泊まり保育における「要配慮児」の対応の仕方です。園にとっては大切な行事と思います。しかし18歳以後の生活を考えると、どれも必須の課題ではありません。私は運動会や発表会などはその子の一生にどうしても必要なものではないので、対応に関しては基本的には園にお任せするようにしています。

　また、こういう行事はその対応の方法について、園と保護者が話し合いの場がもてる大きな機会と考えています。「園としては、みんなに参加してほしいので、＊＊くんには補助の先生がそばについて行おうと思っていますが、それでよろしいですか」などと、相談をもちかけてみてください。「みんなと同じようにしてほしい」とほとんどの保護者は言うでしょう。そうした場合は、「それならそうできるよう、こちらも目立たないよう補助をしながら取り組ん

Check Point 77

行事は一生の問題ではありません

園では大きな意味のある行事も、長い人生の中での必須課題ではありません。どうしても、と思い詰めず、無理なくできる形、方法を保護者と話し合ってみましょう。

でみます」とお伝えすることになります。「他の子はできるのに自分の子だけがうまくできない」という現実を、保護者の気持ちとしてはなかなか受け入れることができません。そして必ず行事のあと（たとえ、多くの介助が必要であったとしても）「＊＊くんもがんばっていましたね」と伝えてください。

発表会も同様です。作品展の作品は先生が手伝って完成させてもよいのではないかと思います。いずれも日常生活の要素とはちょっと違うものですから、園の判断でよいかと思います。

基本は「本人に無理をさせない」ということに尽きます。私が最初に勤務した療育センターは普段は子どもの心身症の診療相談も行うところでしたが、運動会の前や就学の前に、チックやおもらしの子の申し込みが増えたものです。このような症状が出てしまうほど無理をすることは子どもにとって決してよいことではないのです。

また園によっては宗教的なプログラム（お祈りの時間や座禅など）や、お茶の先生が来てお茶を習う時間などがあります。こういった特別な時間はいわば日常生活とはちょっと違うものなので、ここでも「無理をさせない」ということが基本です。

神様や仏様も概念的なものなので、イメージ力がない子どもにとっては理解することは難しいものです。しかし、そうしたことを基本理念に置く園にとっては、指導の基本になるものなので、これをやめるわけにはいかないでしょう。お祈りのときや園長先生のお話のとき、あるいはお茶の指導などのとき、「要配慮児」の子がしゃべってしまうかもしれませんが、それに反応せず、どんどんすすめてください。反応すると、そのこと自体がその子にとって嬉しいこととなってしまい、ますますエスカレートしてしまいます。

どうしても騒いでしまうのなら違う場所を用意するか、その場所にはいても本人が好きな絵本を与えて、その子にとってそれをひとつのプログラムとするか、のどちらかです。わからない話を延々と聞いて、それを静かに自己統制する力を求めるのは、多分困難なことでしょう。この子たちは、人生でどうしても必要なことを身に付けるだけでも大変なのですから、こういうところは「無理をさせない」方がよいのではないかと思います。

Check Point 78
お祈りはとっても難しい

宗教的なもの、お祈りなどの行動は、まさしく目に見えない、形のないもののため、この子たちには一番難しい問題です。ここも、無理をさせないことが肝心です。

12. 保護者との関わり

保護者にどう伝えるか

　先生方が「気になる」子は、ほとんどの場合、「気にしなければいけない」子といえます。そしてその対応の工夫は、専門機関に通って診断名がついてからではなく、判断できたその日から始めるべきです。

　この子たちは、重度の知的障害の子と違いますし、目に見える特徴がありません。内部にはさまざまな特徴を抱えていても表面上はわかりにくく、実は状態とすると複雑で重篤なものである、ということがわかりにくいのです。「気になる子」がいると、まずとにかく保護者に伝えなければ、という先生方が多いのですが、それは時として先生と保護者との信頼関係を崩してしまうことがあります。どの保護者も、当然ですが我が子が特別な場所で診断や指導を受ける、というようなことをすんなり受容はできません。早期の「はっきりとした告知」は保護者を傷つけてしまうことがあります。保護者は我が子をずっと育てていかなければならないのですから「養育意欲をなくさないように」ということが大前提です。しかし同時にまったく心配がないわけではないのですから、「単なる気休め」も禁物です。

　子どもの状態を知ってほしいばかりに、保護者に「その子ができていないこと」をそのまま報告するのではなく、これまで挙げてきたポイントを応用し、さまざまな工夫や配慮を具体的に行ってみるということから始めてほしいと思います。園の生活の要素を考え、いろいろな場面での子どもをよく観察し、工夫をしてみます。そしてそれがうまくいったら、連絡帳などを通して「＊＊＊の時に＊＊＊のようにしたらできるようになりました」と、工夫を含めて伝えていきます。伝え方について、ある園で、「連絡帳で伝える場合は、その子のことをまずほめ、それから気になるところを書き、それに対して担任としてはこういう工夫をしていくつもりですと書く」というように、方法を決めている例がありましたが、いい方法だと思います。

　こうして丁寧に伝えていくことで、保護者によっては「うちの子ってそういう工夫が必要な子なんだ」とか「そこまでやってくださっているんだ」といっ

Check Point 79

まず、うまくできたことを伝える

できないことをいきなり伝えるより、具体的な工夫も含めて伝えてみましょう。保護者の理解も得られやすいでしょう。

たことを感じると思います。そういうことを積み重ねながら、家庭に対しても、具体的な工夫を提案してみます。「フックにリュックをかけるのが上手になりましたよ。お家に帰ってからもリュックをかけるフックを作ってあげるとよいと思います。そのときに担任としてはこのように介助をしているので、お家でも同じようにしてみてくださいね」などです。そういった生活の要素の取り組みは比較的提案しやすいと思います。服の生地などの提案（スウェットタイプの方が本人が扱いやすい）とか、食事の量の調節などは、比較的保護者に提案しやすい項目です。発達のことを直接言うより、毎日の生活で使う物のことなどを一緒に相談する、という方法の方が保護者に近づきやすいですし、保護者も受け入れやすいものです。

　そういった配慮や工夫を積み重ねて、保護者との信頼関係ができてきたら、例えば学期の終わりなどに面談をします。面談には園長か主任が同席するようにし、子どもの様子や毎日の工夫を丁寧に伝えながら、専門機関の紹介をしてみたらよいのではないか、と思います。その際も「念のため」ということと、「園の指導にも活かしていく」「これからも＊＊くんがいい方向に行けるよう協力していく」というメッセージは、必ず付け加えてください。

　また、専門機関につなげたとしても、そこでは細かい日常的な指導まで保護者や園に伝えることがなかなかできないのが現状です。急激に治す特効薬的治療はありません。具体的な日常生活の工夫の積み重ねは、園で取り組むしかありません。先生方自身が子どもへの配慮や工夫を日々の生活の中で見つけだし、実践していくことが求められているのです。

Check Point 80

面談は、必ず複数の先生で

この問題を保護者と話す場合の面談は、必ず園長か主任が同席し、複数の先生で臨むのがいい形です。園を挙げて支援するという形を示しましょう。

保護者支援の具体的内容

＜家庭訪問はなぜ必要なのでしょうか＞

　私がこれまで幼稚園・保育園を見てきた経験から実感することは、家庭訪問を実施している園が意外に少ないということです。特に保育園などの場合、園も保護者も時間が作れないということがあるようです。横浜市の小学校は全員行うか、希望者だけ、など校長判断で行われているようですが、他の地域はどうでしょうか。

　家庭訪問は、「気になる子」の支援にとってとても重要なことです。子どもは家族や家庭の影響を強く受けます。子どもへの支援に家族・家庭の判断は欠かせないものです。様子を把握し、その家族・家庭に合った支援をすることが大切です。ひとつの支援方法が他の家族にも必ずしも合うとは限らないからです。

　家庭訪問にも注意が必要です。家庭は潜在的な生活感覚のようなものが判断でき、また精神面の様子なども把握できる場所だからです。さり気なく、家の中の様子や間取りなどをチェックしておくと、その後、衣服を取りやすい位置にフックを付けるというような、具体的なアドバイスに役立ちます。

　もうひとつ気になることがあります。児童福祉法の第29条に、立ち入り調査権というものがあります。児童相談所が持っている役割なのですが、虐待の通報があった場合、保護者の了解がなくてもその家に入れる制度です。もちろん家庭裁判所が判断した書類が前提になりますが、その立ち入り調査権は実際にはほとんど使われていません。大都市であっても年に数件です。やはり何かがあったとしてもその家に入ることは簡単なことではないのです。ですから定例に行える園や学校の家庭訪問は、なくしてほしくないのです。希望者だけといっても、不安要素が多い家が希望することはあまりないと思われるので、前提としては、全体的に行い、子どもたち全員の把握をしてほしいと思っています。

　個別面談は、家庭訪問よりは実施している園が多いようです。しかし個別にその子のことを伝えることはとても難しく、できているところやほめたいところは伝えやすいのですが、気になるところや心配なところを伝えるには、特に

Check Point 31

ぜひ行いたい家庭訪問

家庭に第三者が入るのはとても困難なことです。園の家庭訪問はそれを実現するいい機会。家庭環境の把握のためにも、ぜひ行いましょう。

技術がいります。

　面談の技術は非常に重要で、これから園や学校の先生方が改めて学ばなければならない技術のひとつといえます。具体的には、定例の形をとること、複数の先生で対応すること、内容や時間を決めておくことなどです。気になる子だけを特別に呼んで面談すると保護者は緊張しますので、学期の終わりなどに保護者全員に行うことを定例にしておくとよいでしょう。また、担任と保護者が1対1ではなく、必ず主任などが同席することをおすすめします。主任同席が無理なら担任プラス他クラスの担任でもよいのではないでしょうか。面談はとりとめなく行うものではありません。聞く項目や終了時間などを決めておくことも大切です。

　また、面談には個別だけでなくグループで行う方法もあります。言いにくいことを伝えるにはグループの方がうまくいくこともあるからです。耳に痛いことや、子どもに対して工夫してほしいことなどを伝えるには、個別の面談で「＊＊君のことですが…」と保護者に個別に指摘するのは、する側にも聞く側にも負担になってしまいます。しかしグループに対して、「みなさん、この頃の子どもの姿としてこのようなことがありますが…」と伝えると、聞く方も「そうか、うちの子にもそういうことがあるかもしれない。気をつけよう」と素直に聞けるものです。ですから、懇談会のような形式もよいかもしれません。ここでもグループワークの技法などが必要になります。

　ただ、懇談会がいつも勉強的なことばかりだとつまらないので、お料理教室のような和みのプログラムなども取り入れるとよいと思います。こうしたプログラムは、多くの幼稚園で実施されているようです。こういうことも、働く両親が保護者である保育園ではなかなか実施しにくいものなのですが、少しずつ取り入れてほしいものです。

Check Point 82

困ったことを伝えるときはグループで

1対1で、「あなたは」と言われると、かえって頑なになってしまうこともあります。グループに対して「みなさん」ということばかけが有効です。

13. 先生方に求められるもの

感じ取る力を磨こう！

　相談事業や各種の支援活動に携わる人、幼稚園、保育園、小学校の先生など、人に対応する仕事を選んだ人に欠かせないもの、それは「感じ取る力」ではないかと思います。「感性は育てられますか」という質問をよく受けます。感性は印象を感じ取る能力のようなものですが、実は生まれつきのものが影響すると思うので、育てるのはなかなか難しいかと思います。しかし、自分はまだまだそこが足りないかもしれないと思って努力する人と、あまり気にしない人とでは当然ですが差が出てくると思います。

　特に子どもたちの未来を担う先生方には意識的に身に付けていただきたいものです。なぜなら人との対応は、マニュアルではなく、読書に例えれば行間を読む力、すなわち行と行のあいだにある目に見えない何かを感じ取ることだからです。これが苦手な場合には、マニュアルに頼るだけになってしまいます。基本は学ぶべきですが、人への対応では行と行のあいだにあるものの「感じ取り」が大切です。療育の世界でも同様なのですが、すべてをマニュアル化した指導法があります。普通の育児でさえマニュアルで行うところもあります。マニュアルをそのまま行うのではなく、いろいろな指導法や治療法を学びつつ、それらをミックスしてよりよい対応を考えていくのが保育・教育なのではないかと考えます。

　感性を育てる方法があるわけではありません。しかし私はなるべくたくさんの本を読んだり映画を観たりすることもそのひとつ、とすすめています。人ひとりの人生は単調です。たくさんの人の立場や感じ方を学ぶには本や映画はいい学校だと思います。

　作家は人に対する描写力がないとできない職業です。資料やいろいろな人の情報をもとに繊細な部分を構成していることがわかるでしょう。また映画は特に背景なども含めて観ることをおすすめします。ナレーターのない映画は特にですが、監督は小さい小物ひとつでその人物の心の中を投影した画面を構成したりします。部屋の様子がどんどん変わっていく様子な

Check Point 83

日頃から感性を育むレッスンを

感じ取る力は、人に対する仕事をする際に、とても重要な力です。日頃からいろいろなものを見て、聞いて、感じる力を養ってください。

どが精神的なものを表している場面などによく出会います。例を挙げてみます。

◇ 北京ヴァイオリン（チェン・カイコー監督作品、2002年、中国）
　捨てられていた子のそばにバイオリンが置いてあったので、その子の本当の親はきっとこの子をバイオリニストにさせたかったにちがいないと、養父が少年を育てるストーリーも出色ですが、その親子が都会で知り合ったひとりの女性に注目してください。誰かの愛人という立場で生活していた女性が、この親子と知り合ったことで、「大切なことは何か」を感じ、だんだん生活が変化していく様子が部屋や小物の変化に表されています。

◇ ママの遺したラヴソング（シェイニー・ゲイベル監督作品、2004年、アメリカ）
　はすっぱな生活をしていたパーシーは、離れて暮らしていたママが亡くなった知らせを受け故郷に帰ります。残してくれた家には二人のアルコール依存症の男性が住みついていました。いろいろなアクシデントはあるのですが、実はインテリのこの二人の男性に支えられ、「笑わないでね。本当は病院で働く人になりたいの」とやっと自分の行きたい方向を定め、進路を打ち明ける場面が出てきます。散らかっていた部屋がきれいに整理され、居心地のよい健康的な空間に変わっていきます。

　ここに挙げたのはほんの一例ですが、このほかにも、たくさんの本や映画は、その文章と映像の力で、「感じ取る」ことのレッスンをさせてくれます。気に入った文章や映画の場面があったら、ちょっとしたメモ程度でよいですから、書き取っておくとよいでしょう。
　同僚や友人と話すとき、そういったところを印象的に話してみることも、プレゼンテーションのレッスンになります。忙しい日常では難しいかもしれませんが、ちょっとそういうことに意識的になれると、感じ取る力は格段に違ってくると思います。

チームワークとリフレッシュを大切に！

　先生方の個々の力に加え重要なのが先生方のチームワークです。情報は共有しなければいけませんし、対応技術も一致させなければならないことがたくさんあります。

　例えば「移動時に抱っこという習慣はなくした方がよい」と判断したら、会議の時に、そのことを園長はじめ全員の先生に報告し、共通の対応をする必要があります。一人の先生がそのことを知らずに抱っこを続けたら、必ずその先生のところに行ってしまい、この行動をなくすことはできません。また違うクラスの部屋に入ってしまったときはそこで受容せず、本来のクラスに戻すようにする、といったことも、考えを一致させておいた方がよいと思います。どのクラスでもOKということだと、本来のクラスが理解できなくなります。また困った行動などをなくすときに、最初の泣き騒ぎなどを他クラスの先生が事前に理解しておいてくれないと、担任としてひどい対応をしているように思われかねません。そうした誤解を受けるのは、つらいものがあるでしょう。

　対応がよくわからなくなってしまったときなども、みんなで協議する場がほしいです。カリキュラム会議の一部の時間を、そうしたことにあてるとよいのではないでしょうか。時間がかかりすぎないように、簡単に書いた「たたき台」になる記録があるとよいかと思います（いつも同じフォーマットを使うと協議しやすいでしょう）。

　こういったことを見直していく場合、主任かそれに準ずる位置にいる方々の存在がとても重要です。私は各地の研修を依頼されることが多いのですが、できれば中堅以上（私としては少なくとも4年以上）の方々の研修を、と特に受講対象を限定することがあります。さまざまな技術のこともそうですが、園の保育形態などを考えていく場合やはり中堅以上の方々の意向が影響しますし、チームワークにはとても重要なものであるからです。

　それから大切なのはリフレッシュです。体の疲れは睡眠をとるのが一番です。しかし神経の疲れは睡眠をとっただけでは、とれないのです。疲れている神経の部位を休めるためには、できるだけ離れたところの神経をむしろ使

Check Point 84

職員会議を有効に使って

困ったことへの対応の方法など、具体的なことをみんなで話し合えるといいですね。全員での会議は、カリキュラムや行事のためだけの場ではありません。

うようにすると、疲れているところを使わなくなるから休まるといわれています。

　つまり数字相手の仕事をしている人が土日にゴルフをする、というようなことです。離れているところを使うことによって疲れているところを使わなくなるのです。人間はもともと、本来のメカニズムとして、ある神経にストレスを感じると離れたところを自然に使いたくなります。学生時代に、試験が近づいてくると妙に読みたい本が出てきたり、友だちに手紙を書きたくなったり、部屋の掃除をしたくなったりしませんでしたか？　そういうことです。

　土日や休日を利用して、仕事と関係のない活動で上手にリフレッシュをはかりましょう。ただし、それに夢中になってかえってそこでストレスが生まれてしまうと逆効果です。

　疲れてくると、子どもの行動に少しいらだってしまったり、ことばが早口になったりします。体調はその日によっていろいろあるのでしょうがいつも一定の状態で子どもに接することは大きな仕事のひとつといえます。

　こういったことを実行するためには、園の行事や保育以外の仕事も見直すことが必要になります。学校でも先生方の役割が非常にたくさんありすぎて、本当に必要な「子どもについてのミーティング」などが持てない状況にあったりします。私は、会議や役割は出来うる限り合理化し、子どもについてもっと話し合える場が持てるようにしたらと、教育委員会にも提案しています。

　先生方の園でも、行事に振り回されていませんか。私が訪問する園でも、そういうことが多々見受けられます。行事があるからと、なかなか先生方の勉強会のスケジュールが決まりません。毎年のものとして定着しているという理由などから仕方がないのかもしれませんが、今こそ、子どもと保護者にとって本当に必要なものは何か、もう一度見直すことが必要だと思います。

Check Point 85

行事にふりまわされていませんか？

日常の保育で必要なことを、みんなで話し合ったり、考えたりする時間が持てていますか？　持てない場合は、保育計画全体の見直しも考えてみましょう。

必要な技術を身に付けよう

これまで、先生方に求められるもの、として、「感じ取る力」「チームワークとリフレッシュ」といったことを挙げてきました。ここではさらに、実際的、実用的、実践的な方法について、考えてみたいと思います。もちろん、それは、心理治療とか深層心理に踏み込む技法ではなく、ごく一般的な技法です。

＜グループワークの技法＞

グループワークの技法は、これから特に園の先生方に必要となるのではないかと思っています。まず第1に、グループ全員の一人ひとりの個性を把握しておくことが重要です。その上で、活動の開始時には上手な導入で全員の波長を合わせるようにその場の雰囲気をつくります。活動の際には、皆が学び合えるような助言を行いながら見守っていきます。

保護者のサークル活動などを行っている園もありますが、そこには適切な支援を行う、グループワーカー的存在が必要なのです。グループワーカーの役割は、主任やそれに準ずるくらいの立場の先生が担うと、そのグループ自体が活性化していくことにつながります。

必要なことを伝えるためのものでもありますが、一人ひとりをよく把握し、明るく楽しい要素も盛り込みながら、それぞれの園で工夫してほしいと思います。

＜家庭訪問の技法＞

高齢者のケアプランを作成する中心になるケアマネージャーなどにとっては、その家の間取りまで把握することがマニュアルのひとつです。園や学校の先生は通常そこまではできません。しかし家の間取りや部屋の散らかり具合などは、支援のための判断の重要な材料になりますので、ある程度は把握する必要があります。批判的にとらえたり、あるいは善意的に解釈するのではなく、事実を冷静に把握することが大切です。その上で、どういう対応が適切か判断していくことが必要です。どんなに先生の側で「こうしてほしい」というものがあっても、その家庭が取り組めなければ逆効果です。できること・可能なことから提案していくのが鉄則です。ですから取り組むべき内容の順番と実際に提案していく順番は違ってきます。潜在的生活力の判断のためにも、こうした

Check Point 86

保護者サークルをきちんと見守って

保護者のグループが本当にいい意味で機能しているか、責任のある立場の先生が、きちんと見守っていきましょう。

家庭訪問の技術は実はもう少し身に付けた方がよいと思います。

<面談の技法>

　保護者が多様化している中、一人ひとりへの面談が今までよりいっそうある種の技術を伴うであろうことは、現場の先生方が一番感じているのではないでしょうか。保護者が身構えてしまわないように定例の形で面談を設定したり、1対1でなく複数の先生で応対したり、聞くことや終了時間を予め決めておくといったことに加え、的確なリアクション、リアクションのバリエーションの多さ、効果的な質問の出し方など、一度やはり基本的なものは学ぶ必要があるように思います。「聞くことが大切」と研修ではよくいわれますが、聞くことはただ頷くことではありません。

　以上、基本的なものだけを挙げました。しかしまた、これらを学ぶ機会がないのも事実です。私はせめて自分の研究会だけでもと思い、要配慮児の勉強をシリーズで何回か行ったあと、こういった福祉的要素についての基本的講義をすることもあります。教育と福祉がドッキングしなければいけない時代になりました。折にふれてこのようなものをひととおりだけでも学ぶ機会が持てるといいのですが…。

　特に、主任やそれに準ずる立場の方々の研修にこうした社会福祉的な技法を学ぶ場を取り入れるようにしていくとよいと思います。

　詳細な方法論がここで述べられないのは残念ですが、具体的な社会福祉の技法については、拙著『私のソーシャルワーカー論―理論を実践に』(〈株〉おうふう)などを参考にしてください。

Check Point 87

頷きすぎは悪いリアクション

保護者の話を聞く場合に、頷きすぎるのは悪いリアクションです。きちんと受け止めることは大切ですが、過度の受容は、問題を悪い方向に深めてしまうことがあります。

13. 先生方に求められるもの

専門機関との連携

それぞれの地域で、「発達障害やその疑い」のある子どもたちに対する診療や指導をするところが整備されつつあります。しかしはっきりわかる発達障害はともかく、その裾野にいる子どもたちについてはほとんどそこにつながっていません。たとえつながっても診断名がつけられたあと、その後どう暮らしていくかについて、保護者や園に具体的に伝えていく方法論を持っているところはほとんどない、といっても過言ではありません。

園や学校向けの専門書もいくつか出ていますし、それなりの研修講義もあります。しかし私が把握している限り、この子たちへの対応を現場の視点で具体的に紹介しているものはあまりありません。障害は知っていても保育や教育を知らないという立場からのものだったり、逆に保育の現場は知っていても障害については熟知していないという立場からのものだったりするからです。特別支援教育関係の知識や情報や研修が混沌としているのは、このためともいえます。「社会福祉や障害」関係と「教育・保育」関係というのは、意外に離れているようです。

理論を実践に昇華させるプロセスに専門技術が必要なのです。その部分が私の職業だったのですが、それができる人がほとんどいないという現実を、この数年痛感しています。そのあたりは、システム的にも完全なものはできにくいのですから、そういった現実もやむをえないのかもしれないと思うようになりました。思えば何十年にわたり、療育専門機関と園や学校の現場をほぼ半々に仕事することができた私のような立場が希有といえるのかもしれません。

それではどうしていったらよいのでしょうか。一番の専門職は先生方に他なりませんが、これからは、保育・教育の方々と福祉・療育関係者がお互いの職業の特性を相互理解しながら、協力しあって子どもたちの支援にあたることが大切だと思っています。

2003年の文部科学省の「特別支援教育への提言」で挙げられた重要項目のひとつ「関係機関の有機的連携」には、大きな意味があると思っています。このことは「専門機関」の職員の方たちにももっと意識していただきたいことなので、機会があるごとに私からも発信しています。とにかく「毎日暮らしてい

Check Point 88

医療や療育の専門家は、保育の専門家ではありません

発達障害に対する専門機関や専門家は、保育の専門家ではありません。そちらからの話だけに頼らず、保育からの視点もしっかりと持っていたいですね。

く」という視点をもっと持たなければいけません。そのために「その子が長い時間を過ごすところ」の「その子の一番そばにいる方々」との実際的な連携をしなければなりません。その機関だけで通用する言語や指導方法だけでは、将来にわたって生活していくことは難しいのです。

　そこで逆に幼稚園、保育園、学校の先生方に強く提案したいことがあります。「専門機関の職員」が園を訪問して、子どもを見たりミーティングしたりするときに、忌憚ない意見や疑問をどんどん出してほしいのです。素朴な疑問でもかまいません。専門機関の方が使ったことばの意味がわからないのであれば「それはどういうことを意味するのですか」と聞いてほしいのです。専門機関の方からは、だいたいその子の知的レベルや知能テストによるそれぞれの分野の数値などが報告されることが多いようですが、「それはこのクラスでどのように取り組めばよいですか？」「他の子もいる中でどのようなことが可能でしょうか？」「とりあえずこの３ヶ月はどのようなことを目標にしたらよいですか？」「介助はどの場面でどの程度必要でしょうか？」など、どんどん質問してください。もしその場で専門機関の方が答えられなかったら、「それではとりあえず、この３ヶ月はこのような取り組みをしてみます。３ヶ月後にもう一度来ていただけますか？」と逆に提案してみてください。

　専門機関は重度の知的障害の子の対応で手一杯だと思います。今はどこも利用者で満杯です。それぞれの園に細かい対応は難しいかもしれません。しかしこれからはもっと現実の場での対応技術を知っていただかなくてはなりませんから、しばらくはそのような連携を心がけてみたらどうでしょうか。そういうことの積み重ねで、お互いに支援方法を考えていく力が育つと思うのです。少なくとも私は意識的にそれを行うことを心がけてきました。今、私がある程度コンサルテーションできる技術を持っているとするなら、それは保育の現場の先生方との相互関係から生まれてきたものです。

Check Point 89
専門家の話には積極的に質問・疑問を
専門家を招いての勉強会では、どんな小さなことでも積極的に質問しましょう。お互いに力を出し合うことが、本当の支援になります。

Check Point 90
勉強は実践しなければ意味がない
この子たちのことを学んで安心するのではなく、一つひとつ実践に移してください。学ぶだけでは、何もよくなりません。それができるのが園の先生です。

14. 園長先生に求められるもの

他園を見て自園の改革を！

　本書の冒頭でも述べたように、「要配慮児」は確実に増えていて、その意味でも、就学前の幼稚園、保育園の存在は、かつてよりもっと重要になってきています。また社会構造の変化などで家族の形態も変化してきています。「要配慮児」に限らず、すべての子どもの保護者が、かつてとまったく違ってきていることにすでに気づいておられることでしょう。ここでは、僭越を承知で、園長先生にいくつかの提案をしてみます。

＜本当にそのスタイルでよいでしょうか＞

　長年行ってきた自分の園のスタイルを見直すのは勇気のいることかもしれませんが、「本当にこのスタイルでよいのかどうか…」と、もう一度見直す時が来ています。もしプログラムを変え、本当の意味で、力が獲得できれば、この子たちの今後の選択肢は広がっていくでしょう。それには園長先生の決断が必要です。

＜他の園の日常の保育を見る＞

　それから今までさまざまな園を訪園してきて感じるのですが、隣り合わせの園でも、子どもの落ち着き具合がまるで違うということがあります。カリキュラムや行事など特に私立の園であれば、それぞれの園が自園の特長を出したいという意向はよくわかります。しかし「せっかくそばにこれほどいい形で子どもが落ち着く工夫をしている園があるのに…」というケースを見るにつけ、それを学ばないなんてもったいないなあと思います。お互いの園の日常の保育を見合うシステムのようなものを作ってはいかがでしょうか。よく「見に行く」といっても作品展や運動会などの「特別な日」であったりします。いつもの日常保育をお互いに見てほしいのです。

　学校でも提案しているのですが、いわゆる研究授業は特別な日です。そこで学ぶより、いつもの他の先生の授業をさーっとでもよいので全部見ることをすすめています。どうしても担任をしていると他の先生の授業を見ることができません。ですからある1時間を教頭先生に受け持ってもらっ

Check Point 91

他園の日常を見て、自園の客観視を

行事のときだけでなく、日常の保育を見合って学び合う習慣を持ってください。他園を見ることは、自園を客観的に省みるいいきっかけになります。

て、「他の先生の日常の授業を見る」ことをしたらどうかと提案しています。上手な授業術は多くの子を救います。上手な人の授業を見ることが基本を学ぶことになります。

　園も同様です。他クラスの先生の日常の保育方法を学ぶことも必要です。それに加えて、園長や主任レベルの方が他の園の日常の保育を見るようなシステムはできないでしょうか。いくつか見るうちに、向かうべき方法論がもっとわかってくるような気がします。運動会や作品展だけの参観ではなく、ぜひ日常保育を参観することをもっと行ってほしいです。

＜行事の見直しも＞

　現在、園の先生方に課せられたものはかつてよりずっと大きいし、重いものになっています。新しく身に付けなければいけない技術もあります。またこれだけ母子関係が希薄になっていれば、一人ひとりの子どもたちの心の受容は今までよりもっと必要になってきます。

　行事についても本当にそれが必要なのかどうか、それぞれの園で考え直してみてください。現場の先生方が行事に追われて、本当に工夫してほしいこと、必要なこと、身に付けなければいけない学ぶべきことなどがおろそかになっているケースも見受けられます。

　先生方の学びのためにも、リフレッシュのためにも、なんとかそういった工夫をもう一度してみていただけないでしょうか。

　さらに県や市単位で行っている研修も、本当に必要で有効な研修になっているのかどうか気になるところです。研修会を企画運営する立場の先生方が研修を最後まで聞き、内容や先生方の反応を吟味し、本当に役立っているかどうかの検証も必要なのではないでしょうか。

Check Point 92

本当に必要なものは何か、改めて考えてみてください

難しい子、保護者の多くなった現在、本当に今必要なものは何なのか、勇気を持って検証し、子どものためになる保育を行ってください。先生方の学びの機会も、きちんと確保したいものです。

15. この子たちの未来について

支える人の重要性

　この子たちは将来、どうなっていくのでしょうか。この子たちの未来について考えると本人の力が大切なのは言うまでもありませんが、それを支える周囲の人の力が大きく影響します。この子たちがうまく社会適応するには、以下の三つの条件が必要です。

　本人の力、これは偏差値より人との距離がわかる能力のようなもののことです。とても必要な能力なのですが、むしろそこが問題なので、とても難しいのです。

　次に、保護者の力、保護者、特に子どもの身近にいる母親のコーディネート力は大切です。

　これはどの子の親にもいえることかもしれませんが、まず自分の子をよく客観的にも理解し、どの担任になっても協力を上手に要請できる人、クラスの他の子の親と親しくなり、近所の人たちとも上手につきあい、時には協力を仰げる状態になっている人、就職した相手先とも上手に連携がとれる人…。私の知っている、社会適応できるようになった子の親は、一言でいえば「自分でできる範囲の努力はする、その上で周囲の力を借りることが上手な名コーディネーター」であった人がほとんどです。しかし、これができない人も多いので、父親や周囲の人は母親をしっかり支えなければなりません。

　そして、母親や保護者以外でも「その子を支える人がいる」ことが重要です。

　この役割を、一人ひとりの先生にしてほしいのです。この子たちを「治そう」ではなく「このまま生きていくために何が必要か」と発想を転換し、支えていってほしいのです。

　叱責されたことは強く記憶に残りますが、支えてもらったことも残るのです。私の経験では、そういう過去の記憶をよりどころに生きている子が確かにいます。

　私が研修の最後に「子どもたちの未来が先生方に託されています」といつも言うのは、そのためです。この子たちの未来がよりよいものになるように、一つひとつ工夫を重ね、冷静に事実を見つめ、支えていってあげてください。

Check Point 93

保護者の役割はとても大きい

この子たちが将来社会適応できるかどうかは、かなり、保護者の支援能力にかかっています。先生方は、保護者と協力し、保護者の力ものばすような接し方を心がけてください。

Check Point 94

支えてくれる人がいた、という記憶は必ず残ります

将来を楽観することができないこの子たちですが、先生に支えてもらったことは、必ず心に残り、いい影響を及ぼすことがあります。先生方一人ひとりが、この子たちを支えているという自覚と誇りを持ってください。

第2章
実践編

第2章 実践編　構成について

　私が園の先生に向けて行う研究会では、いつも受講者の先生方に、その園での実際の事例を記録してきてもらいます。記録には、オリジナルの記録用紙（ワークシート）を用いています。本来は訪園し実際にコンサルテーションを行うことが基本なのですが、それを全園に行うことはできないので、このような方法を考えました。研究会は、4月、7月、10月末、1月と記録をとっていただき講義と組み合わせて行います。それぞれの会での学びを、その子への配慮に生かしていきます。

　それは下のような形のものです。

研究会でのワークシート

		月の様子	配慮したこと
生活	登園降園のおしたく		
	着脱		
	食事		
	排泄		
言葉			
遊び			
運動			
人間関係			
保育の中の活動			
流れの理解			
備考			

- ここには、どの項目も先生の思いではなく、その子の行動や状態を具体的に書いていただきます。
- 記入にあたっては、その子の名前を特定しないようにするなど、個人情報に配慮してください。

- ここには、その子に対して配慮したことを記入していただきますが、その配慮がうまくいかなかったということでもかまいません。事実を記入していただくことが大切です。それがみなの学びになるので！

- ここには、上の欄以外にその子について書き加えたいエピソードなどを記入していただきます。

まず研究会に先立ち、この記録用紙に各園での事例を記録し提出してもらいます。研究会ではそれを基に参加者全員でそれぞれの事例について考えていくのです。記録のコピーは参加者全員が持ちます。

　事例を記録した先生には、記録をもとにその子の様子や園での対応を発表してもらうのですが、その際、記録されたこと以外でも、目に付いたことや気づいたことなど、その子の様子について細かく発表していただきます。それは、自分たちが学ぶ事例がどういう程度のものなのか、しっかりと把握しておくためです。そしてそれに対して私の方からの助言や理論についてのレクチャーなどが行われます。そのやりとりを全員が自分の事例と思って聞くのです。

　これからの第2章では、私がこれまでに集めた事例記録の中からそれぞれの場面における典型的なものを集め、具体的な園生活のシーンやテーマごとに分類し見開きごとの一覧表にして紹介していますが、表組みの構成にあたっては、実際の記録用紙の項目に加え「ことばから見たこの子の特徴」という項目をたてて、それぞれの事例における子どもたちが、ことば的にはどういう状態にあるのかを具体的に記しています。これは、「気になる子」に対応していく際に一番大切なのがその子の状態の把握であり、ことばの項目からその子の理解力の発達が今どの程度なのか、おおまかな判断をしてほしいからです。

第2章では以下、
- ●ことばについて
- ●登降園のおしたく
- ●着脱
- ●食事
- ●排泄
- ●遊び
- ●運動
- ●人間関係
- ●保育の中の「活動」
- ●お集まり・紙芝居・絵本など
- ●流れの理解
- ●困った行動
- ●特別な時間・行事

という順に事例を分析していきますが、前述のように一番はじめに「ことばについて」という項を設けたのは、ことばの面における状態の把握や対応の分析は、それ以降の他のさまざまな分類における事例を読んでいくうえでの基本になるからです。実際、研究会での私と発表役の先生とのやりとりの多くは、その子の様子・ことばの理解の状態を聞きながらその子への理解を共有していくことに費やされます。表組みの事例を見ながらご自分の園を振り返るとき、ぜひ、先生のクラスの「気になる子」がどう話していたか、またそれに対してどう答えたか、一つひとつ思い返してみてください。これから紹介する事例が、先生方の具体的な保育の工夫につながっていくことを願っています。

第2章 実践編 表組みの見方

　実践編の表組みは、それぞれの事例に対して以下の4つの項目をたてて整理しています。表内左の「子どもの年齢・性別」は各事例における子どものデータ、続く「子どもの様子」は実際に研究会で参加者の先生が記録してくださった子どもの状態記録、続く「ことばの面から見た子どもの特徴」は研究会でのやりとりで抽出したその子のことばの面の特徴、「どう対応したか？」は現場からの報告そのままに拾った具体的な対応例、そして表の右側に色文字で記載されているのが、その対応への検証です。

子どもの年齢・性別	子どもの様子	ことばの面から見た子どもの特徴
⑦ 2歳男児（保育園）	**母と離れられない** ○母と離れにくい。したくは母が行っている。 ○慣れると落ち着きなく走り回り、保育者のことばが入らない。注意するとひっくり返り泣き騒いでしまう。	危険に対し、注意するとパニックをおこす。 オウム返しが多い。 ことばのイントネーションが一本調子。 指示は理解できないことが多い。
⑧ 3歳男児（保育園）	**集中できない** ○他のものに興味が向くと、そちらに集中が移ってしまう。	話しかけてくるが自分からの一方的なことば。 こちらからの問いかけには答えない。 2語文が中心。 物に独自のネーミングをする。

表を読み解くポイント
- 表の一番左には、紹介した事例の子どもについて性別・年齢・保育園／幼稚園の別といったその子のデータを記してあります。これは、その子の状態を把握する上で、年齢や保育環境を知ることが大切だからです。また、ここでは事例の通し番号をふりました。解説文との参照にお役立てください。

表を読み解くポイント
- つぎに、子どもの様子を記してあります。子どもの様子については、ひとつの事例の中にさまざまな要素がある場合もありましたが、構成にあたって、その見開きのテーマに合わせて整理してあります。
- 各事例ごとにその事例がどういったものかわかりやすいよう小見出しをつけてあります。現実のケースに合わせた事例を探す際などに参考にしてください。

表を読み解くポイント
- 子どもの様子に対応して、その子のことばの面から見た特徴を具体例をあげて列挙しています。これは、その子の理解の状態を知る一番の手がかりがことばにあるからです。
- ここにあげられていることばの特徴も、ぜひご自分の園の現実のケースと比較してみてください。具体的な状態把握や対応に生かしていただけると思います。

表を読み解く際には、以下のポイントに注意してください。これからあげる事例の中には、実際に先生の園で今おきていることとよく似た事例もあることでしょう。そうした場合は、ぜひ、ここでの事例検証を参考に、今後の具体的な工夫を考える際に役立ててください。

また表組みの次のページでは、実践解説として、それぞれの表組みに対する解説を掲載しています。事例を振り返って理解するために役立ててください。

どう対応したか？

「おんぶがいい？ 抱っこがいい？」と聞いてしばらくおんぶをした（配膳時も保育士がおんぶをして行った）。

一日の始めなので、この子のペースにまかせるようにした。気が向くまでやらせ、していることについて話しかけるようにした。
時折、シール貼ってみようか？ などと話しかけたが無理はさせなかった。

対応の検証

ポイント こだわりなのか愛情不足なのかを見極めてください
- これがこだわりであれば、このようなことばかけはよくないパターンを助長してしまうことになります。こういうときに抱っこ、おんぶはしないようにしましょう。静かなところで落ち着かせてすぐ「おしたく」に取り組んだ方がよいのではないでしょうか。

ポイント 気が向くのを待たずに、介助を
- 気がそれなくなるのを期待して待つのではなく、本来の「おしたく」への介助をしましょう。
- よけいにそちらの行動を助長してしまい、本来の行動に移れなくなります。
- 最初からきちんと取り組んだ方がよいでしょう。違うパターンになってから軌道修正する方が混乱します。

表を読み解くポイント
- その子に対して、どう対応したかがそのまま記録されています。当然、園での実際の記録に基づいていますから、この部分は必ずしも適切な対応ばかりではありません。時として不適切といってもいい対応もあるのですが、ここではあえてそのままにし、表の右側の「対応の検証」欄でその是非を検証しています。

- 先生方の現実のケースでも、ここに記されている不適切な対応をしてしまったということがあるかもしれません。そんなときはここで紹介する事例の全体を見ながら振り返り、対応の検証に基づいてよりよい対応に変えていってみてください。また、この欄のアンダーラインの直線は不適切な対応、波線はある程度適切な対応を示しています。

表を読み解くポイント
- 表外の右側には、対応の検証を記しています。具体的な対応に対しての検証はもちろん、様子の把握などについても注意すべきことを記してあります。また、子どもの様子の欄に呼応する形で、どう対応すればいいかの小見出しをつけてあります。それぞれの事例に対してどう対応すればいいのか考える際に参考にしてください。

事例と検証
ことばについて

子どもの年齢・性別	子どもの様子
① 3歳男児（保育園）	**オウム返しが多い** ○目を合わせることは少ない。 ○オウム返しが多い。 ○ことばが聞き取りにくく発音不明瞭。 ○問いかけに対しては反応しない。
② 3歳男児（保育園）	**問いかけと違うことを答える** ○問いかけに対してはそれに合うことも言うがまったく違う答えをすることも多い。 ○思ったことを突然口にしたりする。
③ 3歳男児（幼稚園）	**3語文** ○3語がつながり、助詞が抜ける「R　お外　いかない」。 ○オウム返しがまだある。
④ 3歳男児（保育園）	**質問によってわかったりわからなかったり** ○「好きな色は？」「誰ときたの？」は答えられるが「おうちで何をして遊んだの？」「今日は何が楽しかったの？」には答えられない。
⑤ 4歳男児（保育園）	**ひとりごとを言う** ○午睡に入るときひとりごとをずっと言う。 ○自分からの要求はことばで言える。 ○友だちや絵本に気をとられて着脱ができない。
⑥ 4歳男児（幼稚園）	**保育者が話しているとき話し始めてしまう** ○保育者が話しているとき自分の気になる単語が出てくると自分の話を大声で言わずにいられない。 ○注意するとそれに対して大声で理屈・言い訳を言う。 ○いろんなことばや知識を持っている。

どう対応したか？	対応の検証
顔を見て目を合わせてあいさつを交わすようにする。刺激になるよう、いろいろなことばをたくさん話しかける。	**ポイント たくさん話しかけないで** ・視線を無理に合わせようとすると嫌がる子が多いので、あいさつは普通に。 ・意味理解があまりできず刺激も選べない状態なのでたくさん話しかけるのは逆効果です。
「どうして＊＊なの？」とつい問いつめてしまった。食事の時に立ち歩くので「先生がＸくんのいすをもらってしまうよ」とことばと行動で示した。	**ポイント 問いかけより、まず結論を！** ・HowとかWhyなどの質問は難しいです。考える力がそこまでいっていないので、結論の方から言ってあげて下さい。 ・このような脅しことばは禁物です。立ち歩かないための工夫をするべきです。
「Ｒ　パンツ　はきます」「Ｒ　これ　着ます」と、保育者から指示を出した。	**ポイント 指示は普通の言い方で** ・このような指示の出し方をするところが少なからずありますが、普通の言い方で言った方が、後々混乱しません。 「パンツはきましょうね」などの方がいいと思います。
わかりやすい、答えられる質問をするようにした。	**ポイント 質問することにこだわらないで** ・質問をして答えを強要するのはあまりしない方がいいと思います。意味理解や考える力のところがハンディなので。
ひとりごとはやめようねと注意した。 （違う場所で）「かっこよく着替えられる魔法の場所だよ」と言って着替えさせた。	**ポイント そのつど対応せずに、やることに集中** ・ひとりごとにはそのつど対応しなくてよいと思います。今しなくてはいけないことに気持ちを向けさせましょう。このような独特の言いまわしも後々逆効果になります。「着替えようね」と普通に言いましょう。
どんな時でもすぐ話し始めるので、今は聞くときとそのつど伝えた。 理屈や言い訳に負けずに注意した。	**ポイント 全体の流れを止めないで** ・先生がお話ししているときはそのまま続けましょう。ひとつひとつ対応しているとますます続いてしまうことがありますし、全体の流れが途切れてしまいます。 ・そのつど対応を減らすと割り込みは少なくなると思います。

事例解説
ことばについて

　園や学校の先生たちがよくない対応をしている場面が一番多いのは、この「ことば」に関するところです。まずそれぞれの年齢の発達レベルで考えても、この子たちが表出していることばが遅いことがわかるでしょう。一般的にはまず2歳を過ぎれば「おいしい」「冷たい」など目に見えないもののことばも理解し、使えます。3歳であれば考えて答える会話が成り立ちます。その場にない話も理解できますし、抽象的なことばの理解も可能です。オウム返しがあるということは、ことばの理解ができていない状態なのです。ことばは表出より理解の方が先です。理解しているかどうかが重要なのです。事例①から⑥までのことばの状態を見ると、理解が相当遅れていることがわかります。この場合、たくさん話しかけるとかえってわからなくなります。

　事例②のような5W1Hの質問は最も難しい問いです。むしろ、するべきことを結論から言ってあげた方がわかりやすいでしょう。手を添えることも忘れずに。脅すようなことばかけも禁物です。むしろ、そう言わなくてもできるような設定や段取りを工夫するべきです。

　事例③の、指示なのに一人称の文体を使う方法（指示なのに「靴はきます」という言い方）をよく目にします。とても不自然なことばかけです。今後、普通にはそういう話し方はしないのですから、「＊＊しようね」などのことばの方が実際的です。

　事例④のように、本来考えるというところが苦手な子に「何が楽しかったの？」というような問いかけは理解が難しいです。この子たちの特徴が理解できず、このような質問を連発することになるのでしょうが、子どもにとってはとても苦痛なことです。ことばの表出の強要はしないことが大切です。かえって出なくなる可能性があります。

Check Point 95

使うことばをよく吟味して

5W1Hの質問は、この子たちを苦しめることが多く、抽象的な言葉は、ほとんど理解されていない場合があります。ことばかけの際には、使うことばをよく吟味して、わかりやすさを心がけましょう。

事例⑤のようにひとりごとを言ってしまう場合、そのつど注意するのは逆効果です。気持ちを他に向けさせるとよいと思います。またこのぐらいのことばの状態にある子どもに独特な言いまわしで話しかけるのは難しいです。「着替えようね」とシンプルに言ってあげた方がわかりやすいでしょう。

　事例⑥のように知識や語いがたくさんあっても、話してはいけないところで話し始める子もよく見かけます。注意するとよけい続いてしまいますし全体の流れが途切れてしまうので、そのまま先生のお話は続けてしまう方がよいと思います。反応しないと割り込みは減っていきます。

　もう一度、この子たちに対して使っていることばを吟味してみてください。ことばは意味を持つものであるからこそ、意味理解のハンディがそのままはねかえってくることに、自覚的であってほしいと思います。

事例と検証
登降園のおしたく

子どもの 年齢・性別	子どもの様子	ことばの面から見た 子どもの特徴
⑦ 2歳男児 （保育園）	**母と離れられない** ○母と離れにくい。したくは母が行っている。 ○慣れると落ち着きなく走り回り、保育者のことばが入らない。注意するとひっくり返り泣き騒いでしまう。	危険に対し、注意するとパニックをおこす。 オウム返しが多い。 ことばのイントネーションが一本調子。 指示は理解できないことが多い。
⑧ 3歳男児 （保育園）	**集中できない** ○他のものに興味が向くと、そちらに集中が移ってしまう。	話しかけてくるが自分からの一方的なことば。 こちらからの問いかけには答えない。 2語文が中心。 物に独自のネーミングをする。
⑨ 4歳女児 （保育園）	**時間がかかる** ○登降園時の靴の履き替えなどに時間がかかる。できないのではなく、他に気持ちがいってしまう。 ○声をかけるまで友だちの方を見ている。 ○服を脱ぐとき、裏返しになってしまうと直せない。	ことばは一方通行。 会話になりにくい。 発音は明瞭。
⑩ 5歳男児 （保育園）	**やれたり、やれなかったり** ○気が向けばやろうとするが、途中で飽きてしまう。 ○やる気が持続しない（やれる日もある）。	クレヨンしんちゃんの口まねが多い。 ひとりで空想話をする。
⑪ 5歳男児 （幼稚園）	**位置が覚えられない** ○位置がなかなか覚えられず、順序よくできない。	「知らねえし」「やらねえし」などのことばや、汚いことばをまねる。
⑫ 5歳男児 （保育園）	**動いてしまう** ○教室のまわりに飾ってあるものや、ホールの友だちに気を取られてなかなか準備できない。 ○自分も動き出してしまう。	あいさつは、ほぼ状況に合ってできる。 単語もしくは2語文が中心。 歌は歌える。

どう対応したか？

「おんぶがいい？ 抱っこがいい？」と聞いてしばらくおんぶをした（配膳時も保育士がおんぶをして行った）。

一日の始めなので、この子のペースにまかせるようにした。気が向くまでやらせ、していることについて話しかけるようにした。
時折、シール貼ってみようか？ などと話しかけたが無理はさせなかった。

事前に順番をことばで伝え、できるところまで見守り、行動が止まったら声をかけた。裏返しを直す方法を何回も教えるが、そのつど直すことができず、保育者に持ってきてしまった。

やる気がおきるよう、「終わったら外に行こう！」、「遊ぶ時間がなくなっちゃうよ」と声かけをした。途中まで援助し、あとは様子を見た。

下駄箱、ロッカー、フックは一番端の列にした。
名前やマークシールを貼ってあるが、この子のみ、目印の赤いシールを加えて貼った。

ロッカーの方向を向かせたり、この子の視界の先に壁のように立ち、やっていることに集中できるようにした。やっているもののみが視界に入るようにした。

対応の検証

ポイント こだわりなのか愛情不足なのかを見極めてください
- これがこだわりであれば、このようなことばかけはよくないパターンを助長してしまうことになります。こういうときに抱っこ、おんぶはしないようにしましょう。静かなところで落ち着かせてすぐ「おしたく」に取り組んだ方がよいのではないでしょうか。

ポイント 気が向くのを待たずに、介助を
- 気がそれなくなるのを期待して待つのではなく、本来の「おしたく」への介助をしましょう。
- よけいにそちらの行動を助長してしまい、本来の行動に移れなくなります。
- 最初からきちんと取り組んだ方がよいでしょう。違うパターンになってから軌道修正する方が混乱します。

ポイント できるパターンを早く身に付けて
- できるところまで見守るのではなく、100％の介助で完成パターンを身に付けさせましょう。
- 裏返しにならないで脱ぐパターンを身に付けさせましょう。混乱は最小限にします。

ポイント 目標がはっきるすることばかけを
- 少し先のことを読むのは苦手で、その結果どうなるかという理解も苦手です。このようなことばかけは混乱の元です。「お外に出ようね」のようにシンプルなことばかけにしましょう。
- 最初は完成形まで100％の介助をし、それを徐々に減らす方法でやりましょう。

ポイント わかりやすい目に見える工夫を
- これはとてもわかりやすい工夫です（さらにこの園では、クラス全体で「朝のおしたく」の順序をわかりやすくしたとのことです。

ポイント 位置関係に工夫してみて
- よい工夫だと思います。ホールに気を取られないよう、つねに教室の方に身体を向けて促すなど、位置を工夫しましょう。

事例と検証
着脱

子どもの年齢・性別	子どもの様子	ことばの面から見た子どもの特徴
⑬ 3歳男児（保育園）	**気が散る・不器用** ○着脱は自分でしようとするが、まわりが気になる。 ○指先も不器用でうまくできない。 ○対面になっても目が合わない。	呼びかけには返事をする。 話しかけてくるが発音不明瞭で聞き取れないことがある。 思いどおりにならないと奇声をあげる。
⑭ 3歳男児（保育園）	**着脱ができない** ○衣服の裏表や前後の区別ができない。 ○サイズがぴったりで伸びない生地の着脱ができず、いらだつ。	単語で答えることはできるが、 ・きょうは楽しかった？ ・何を食べてきたの？ など、HowやWhatの質問は答えられず、別のことを話す。
⑮ 3歳男児（幼稚園）	**集中できない** ○周囲が気になり興味がいろいろなところにいってしまい、集中せず進まない。	暴言や奇声で先生や友だちの気をひく（バカヤローなど）。 気に入らないことがあるとことばで言わずに相手をたたく。 会話が一方的。
⑯ 4歳男児（保育園）	**脱いだ服がしまえない** ○自ら着替えをしようとするが脱いだ服をたためず、しまえない。 ○ふざけて遊んでしまう。 ○友だちに気持ちがいってしまう。	簡単な質問にはだいたい答えるが乱暴なことばが多い。
⑰ 5歳男児（保育園）	**ふざけて走り回ってしまう** ○技術的にはできるのだが、着替え前後ふざけて走り回ることが多い。 ○話したりふざけたりするので時間がかかる。	ことば使いが大人びている。 気に入らないと先生に難しい質問をしてくる。 先生が全体に向けた質問でまっ先に答えてしまう。
⑱ 5歳男児（保育園）	**いつも反対になってしまう** ○服は首を通すと前後ろが逆になる。 ○ズボンは同じところに両足を入れてしまう。 ○自分でやろうとする意志はある。	2語文が少し出る。 理解できる指示は危険に関してぐらい。

どう対応したか？	対応の検証
自分でしようとする気持ちを大切にし、必要な部分を手助けをした。 意識的に目を合わせるようにした。	**ポイント 介助は手を添えて！** ・最初から完成に近い形で介助した方がわかりやすいと思います。 「～しようね」と言いながら子どもの手に先生の手を添えて行い、できるようになったらだんだん介助を減らしましょう。 ・目が合わないのは特徴のひとつです。無理に目を合わせるのはやめましょう。
保護者に着脱しやすい服にするよう提案し、実践していただいた。 印をつけることを提案し実践していただいた。	**ポイント 着脱しやすい生地・形を提案** ・このような具体的な提案は保護者との距離を縮めます。結果を報告し、お家でもやっていただくとよいと思います。
カウントダウンの競争形式にして意欲的に行えるようにした。 できたときはこの子の好きな抱っこやこちょこちょをしてあげた。	**ポイント 競争させるのは逆効果** ・罰とか競争形式はよけい本人の不全感をあおるのでやめましょう。 ・これがパターンになると後々困ります。 ・ごほうびは、絵本やパズルなど具体的なものにできるといいですね。
無理強いせず見守り、ふざけ始めたら声かけをした。 「先生はここまで、あとは自分でやって」とやらせてみた。	**ポイント 介助して100％の形を身に付けさせて** ・見守るとよけいエスカレートするので、介助して服をしまうまでをしっかりと行う方がよいと思います。 ・これは手順が逆ですね。 できるようになったら介助を減らす方向で。
着替え終わる時間を決め、「次の活動をするまでにしたくができたら、絵本を読む」という目標を立てた。	**ポイント わかりやすい目標を立てて** ・少し先のことに見通しがつくめどがあり、絵本が好きというような場合は、よい方法だと思います。
二人羽織のようにして服の必要な位置だけを一緒に持つようにしたらできるようになった（10月には声かけだけでできるようになった）。	**ポイント 二人羽織で一緒に持って** ・着脱は後方から介助した方がわかりやすいです。表裏や前後が理解できない場合、印をつけることが大切です。

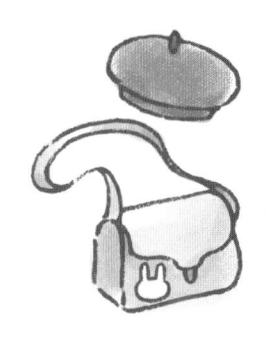

事例解説
登降園のおしたく

　生活習慣は、手と目の協応動作による脳の中のネットワークづくりや、自分の体のイメージづくりなど、多くの意味で重要です。まず身辺のことが自分でできると人生の選択肢が広がります。

　事例⑦、まだ2歳児です。この子を要配慮児とするかどうかは判断が分かれるところですが、私自身は要配慮児と考えた方がよいと思います。この事例のことばの項目の記録を見てみると、「オウム返しが多い。ことばのイントネーションが一本調子。」など気になる記述が多いからです。

　事例⑧、注意がそれやすいのはこの子たちの大きな特徴のひとつです。気の向くままにさせるのではなく、しっかりパターンを早めにつけた方がよいと思います。やることについて明確に、やさしく短く伝えながら、手で介助していきましょう。

　事例⑨、「できるところまで見守る」という記述はとても多いです。本来の保育ならそうなのだろうと思いますが、もし「要配慮児」であれば見守っていてもなかなか状態は進みません。そのまま過ごすと、7月時点でも4月と状態が変わらない場合が多いようです。服の裏返しを直すのも難しい課題です。最初から裏返しにならない方法で介助した方がよいです。腕をぬき、両手でえりぐりを持ち、あごをぬいて頭から脱ぐとうまくいきます。これは、先生が手を添えて毎回行うとうまくいきます。

　事例⑩、「やれる日もあるし、やれない日もある」なら、やれない方に照準をあわせます。やはりこの場合も介助しながらよいパターンを身に付けた方がよいと思います。

　事例⑪、5歳児で「位置がなかなか覚えられない」。この特徴は多分ずっと続くかもしれません。この幼稚園ではフリー保育が多かったのですが、この子のことをきっかけに朝のおしたくの手順を紙に書いて全員で確認できるように黒板に貼ったそうです。

　事例⑫、集中できるよう視覚的な整理をしながら介助をしていった例です。このケースでは、11月には最初の声かけだけでスムーズに行動に移れるようになったとのことです。

Check Point 96

おしたくの手順は、目に見える形でわかりやすく！

朝のおしたくの手順を、わかりやすく紙に書いて、クラス全体にわかるように貼っておくと、とても有効です。何をしたらいいのかをわかりやすく示し、100％の介助をしながら、いいパターンを身に付けさせます。

事例解説
着脱

　着脱も毎日必ずやることなので、ここに手や目の協応動作を入れると、とてもいい脳のネットワークのレッスンになります。また、身体図式を意識するためにも、自分の体で行うことはどんな教具を使うより効果的です。

　事例⑬、不器用さを急に器用にすることはできませんから、そのままの状態でどのような介助をしたらよいか考えます。事例⑭、衣服は、手が不器用でも扱いやすいスウェットタイプの服などにすることも大切です。こうした提案しやすいことから始めて、保護者の信頼感を得られるといいですね。

　事例⑮、見守りすぎの対応も困りますが、罰や競争も困ります。本人の不全感につながらないように注意しましょう。

　事例⑯、やはり基本は、最初は完成まで行い、その後徐々に介助を減らす方法です。見守っているだけでは、気をひこうとする行動が多くなりがちです。「ふざけ始めたら声がけ」より、「ふざける前に終了」できるよう心がけてください。こういう場合には、いつのまにか（あたかも自分でできたように）さっとできてしまったというような介助が有効です。

　事例⑰、この配慮は適切です。この事例は、「少し先のことに期待を持つ力がある」「時間の観念がある」「絵本を読むのが好き」という特徴を活用した例です。この事例には、字も読めず絵本が苦手だった時から先生が丁寧に絵本を読んであげて、絵本好きになったという背景がありました。

　事例⑱、ズボンの機能もわからないぐらいの重い知的障害の子の例ですが、特に取り上げたのは、この事例での保育者の対応の工夫を参考にしてほしいからです。保護者に協力を得て衣服に印をつけたことや、丹念に同じ方法で介助を重ねたことが功を奏し、10月には、声かけだけで自分でできるようになったとのことです。認知力や不器用さは突然よくなるものではありません。子どもの状態をよく観察し、どういう介助が有効かよく考えながら対応した事例といえます。

Check Point 97
保護者の協力は、提案しやすいところから
手が不器用でも扱いやすいスウェットタイプの服にする、前後がわかりやすいよう印をつけるなど、提案しやすいことから始めて、保護者の協力と信頼感を得ていきましょう。

事例と検証
食事

子どもの 年齢・性別	子どもの様子	ことばの面から見た 子どもの特徴
⑲ 3歳男児 （幼稚園）	**食べる日と食べない日がある** ○お弁当は体調によって全部食べられる日とほとんど食べない日がある。 ○片付けは声をかけるまでできない。 ○手先が不器用で袋にコップを入れるのに時間がかかる。	徐々にことばは出てきているが、単語中心、発音不明瞭で聞きとれない。問いかけに対しては無言になってしまう。
⑳ 3歳男児 （保育園）	**食べきれない** ○盛られた分が食べきれない。 ○友だちとおしゃべりをしたり、わざと箸を落として洗いに行ったりする。	長文が話せるが、思いどおりにいかないと「ばかやろう」など乱暴なことばが多い。 一方的に自分の話をする。
㉑ 3歳男児 （幼稚園）	**口に入れる量が加減できない** ○目の前にあるものはすべて口に入れてつっこみ、むせる。 ○口の中に入れる加減ができない。	単語は少しあり。 意味不明のことばを言っている。
㉒ 3歳男児 （幼稚園）	**からっぽができるようになった** ○お弁当は食べきれるようになり、「からっぽ」と喜んで終えることができる。 ○給食も食べ終えると「からっぽ」とふたをして終了。	単語、オウム返しもある。 少し2語文が出てきた。 「雨ふってきた」…など。
㉓ 5歳男児 （保育園）	**座っていられず遊んでしまう** ○嫌いなメニューのときは座らない。 ○みんなと一緒に「いただきます」はするが、食べることに飽きると立ち歩き、遊び始めてしまう。	長文を話せるがアニメのセリフが多い。 特定の1人としか遊べず、命令口調になる。
㉔ 5歳男児 （保育園）	**食べる意欲があまりない** ○食べることにあまり意欲がなく、食べ終わるまで時間がかかる。 ○お弁当のゴムや牛乳のキャップなどをずっとなめている。	「うーんとね」「えーっとね」が一文の中に数回入る。 発音不明瞭。 会話は一方的。 歌詞がほとんど覚えられない。

どう対応したか？	対応の検証
「おいしそうだね。一口だけでも食べてみる？」と促した。 片付けはひとつひとつ声かけで。やりにくいところは介助した。	**ポイント 食べられるもので完食を！** ・こういう問いかけではなく、まず食べられるものを入れてきてもらいましょう。 食べられないようなら見ていないうちに取り、一口だけお弁当に残し、それを食べたら「食べられたね」と完食のスタイルをとります。 ・子どもの手に先生の手を添えて行いましょう。 ・コップの袋を少し大きめにするよう、保護者に提案してみましょう。
おしゃべりが目立ったり、箸を落とす行動が多くなったら、食事を中断して注意した。	**ポイント 短い時間で完食できる量に** ・集中力が長く続かないのが原因です。まず量を減らし、短い時間で完食できる形をつけた方がよいと思います。
一口の大きさのものを1個ずつ弁当のふたに載せ食べ終わったら次のものを出して食べさせた。前のものが終わったら次のものを食べるように配慮した。	**ポイント 食べ物を一口大の大きさに** ・こういう場合にはこのような方法も有効です。
保護者と話し、お弁当の量を調節してもらった。フォーク、箸で遊ぶことがあったので、当面スプーンとピックにしてもらった。	**ポイント 使う道具を工夫すると効果的** ・手の不器用さはすぐに改善はできないので、まずこのように使用できる道具から始めるのがよいと思います。このようにお弁当に関することは比較的保護者に提案しやすいものです。
「座らないと減らさないよ」と言った。一口は食べるようすすめた。「おいしそうだね。どれから食べる？」と聞いた。ふざけが多いと切り上げた。立ち歩くときはみんなが何をしているか確認させた。	**ポイント 脅しは逆効果。まず見通しをたてて** ・このような脅しのことばは不適切です。まず完食の形をとり、後片付けをきちんと行いましょう。その後にすることを明確にしておくとよいと思います。 ・納得させて自己統制させるのは、この子にとっては難しいかもしれません。
昨年の食事の量が多すぎるのではないかと思ったので、今年度は少量で盛りつけるようにし、みんなと同じぐらいに終わるように調節してみた（できるようになった）。褒めると嬉しそう。 ゴムのことは、やめるように言ってみた（視線に気づくとやめる）。	**ポイント まず少量に。できたら増量** ・よく観察して方法を考えたと思います。 食べられそうなら少しずつ量を増やせばよいでしょう。 ・ゴムをなくしてみるのもひとつの方法です。 終了したら後片付けをきちんとして、次にすることを明確にしてみてください。 何をしてよいかわからないとき、こうなります。

事例と検証

排泄

子どもの 年齢・性別	子どもの様子	ことばの面から見た 子どもの特徴
㉕ 3歳男児 (保育園)	**水やドアにこだわる** ○生活の流れの中で排泄時間が決まっていて、それに沿ってトイレに行き、できる（それ以外の時間は行きたがることはない）。 ○トイレの中で遊んでしまう。 ○水を流すことが好きで、ドアの開閉にこだわる。	意志や要求を伝えることはできる。 質問に対しては合った答えをすることもあるが、関係ないことを言うときもある。 母親に対して「ウーウー」と、ことばにならない声を発する。
㉖ 4歳男児 (保育園)	**ふくことができない** ○自分の感覚で行きたいときに行ける。 ○大便は「うんち出たい」と言ったときに、少しパンツの中にしてしまっているときがある。 ○ふき方はまだできない（6月頃自分でできるようになった）。	保育者が話しているとき、自分の気になる単語が出てくると大声で言わずにはいられない。 注意すると言い訳や理屈を言う。 話し続ける。
㉗ 4歳女児 (幼稚園)	**並ぶのが苦手** ○排泄は自分で行うが列に並ぶのが苦手。 ○混雑したところにいるのが苦手のようである。	特定の子となら話ができる（相手の子もややことばの遅れあり）。 簡単なことばのやりとりをしている。
㉘ 5歳男児 (保育園)	**トイレに行っても出ない** ○「おしっこ」「うんち」とは言うが、トイレに連れて行ってもおしっこもうんちも出ないことが多い。	食べ物の名前は言える。 単語中心。 たまに2語文。

どう対応したか？	対応の検証
もどって来られないときは「他のお友だちが待っているよ」と声をかける。 叱ってしまうこともあった。	**ポイント 適切な介助でこだわりをなくす** このことばかけではストレートに意味が伝わりません。 排泄は自立しているのですからこのようなこだわりや癖をなくすことが大切です。 叱るよりも、手を洗ってサッともどれるよう介助しましょう。
トイレットペーパーの切り方を教えた（すぐできるようになった）。	**ポイント うまくできるパターンを身に付けさせる** こういうパターンは最初から身に付けるとこのようにうまくできるようになります。 ふくときに、子どもの手に先生の手を添えて行うようにすると、形が身に付きます。
他児より先に一番に連れていくようにした。	**ポイント 新たなこだわりに注意** いつも一番にしていることで、一番にこだわってしまわないように注意してください。 混雑が苦手なら、他児がいないときや他の子が終わった後なども経験させるとよいでしょう。
お休みの日のトイレのリズムを保護者から聞き、その時間にトイレに行くよう促した。 一日の日課にトイレの時間を入れ、リズムを本児に覚えてもらうようにした。 （6月ぐらいからできるようになった）	**ポイント 家庭との連携で時間を把握** これも最初の取り組みとするととても上手な方法です。 このようなことも保護者との連携のきっかけになります。

事例解説
食事

　食事については、まず盛りを少なくして「からっぽ」にするという完了形をはっきりさせておくことが指導の大原則になります。食器がいくつかある場合は、自分の範囲をはっきりさせるために、無地のナプキンやトレイなどを下に敷きます。模様があると刺激になってしまいます。みんなが一緒に敷くとよいですね。家庭でも、無地のナプキンかトレイを使うことを提案してみてください（家庭での食卓は家族の食器やおかずがたくさんあるので、自分の範囲がわかりにくいのです）。自分の範囲が全部終わったら終了ということです。

　事例⑲の「一口だけでも食べてみる？」、事例㉓の「どれから食べる？」などの問いかけよりも、「食べようね」とシンプルにすすめる方がよいです。お弁当は、最初食べられるものを食べられる量だけ入れてきてもらうことが大切です。また、今日はあまり食べられないようだというときは、子どもから見えないところで、一口だけ残してあとは取ってしまいます。「これ食べたらからっぽだね」と最後の一口を介助して食べさせ、「ほら全部食べたね」と見せ、片付けの介助に移ります。残して終わるというパターンをつけないようにするのです。意外に最後の一口は食べるもので、この方法で行うと食べ終わるまで立たなくなります。この子たちは「予測」が苦手なことが多いので、自分で量を判断する方法は、必ずしも適切ではないと思います。よく観察して判断してください。

　㉑の事例（＝口に入れる量の調節ができない）もよくありますが、この対応方法は有効です。ごはんを一口サイズのボール状にしたり、おかずを一口サイズに切っておいたりするのも有効です。

　完了形が身に付いたら、それから偏食の指導に入ります。例えばブロッコリーなどを小指のさきぐらいの量から始めます。「いただきます」をしたら一番最初にそれを食べるよう介助します。そして次に好物のからあげなどを食べさせます。ただ偏食の指導は、他の子どもたちもいるので、焦らず長い期間をかけることと、家庭でも協力していただくことが前提です。最初に好きなものから食べ、おなかが満たされてきて嫌いなものが残っている、という状態が一番よくないパターンです。

Check Point 98

まずは完食、それができたら偏食指導

指導の大原則は、「からっぽにする」という習慣を身に付けること。食事はまず、これが基本です。偏食の指導は、家庭にも協力していただき、焦らず進めましょう。

事例解説
排泄

　研究会では日常生活の中のたくさんの事例を検討してきましたが、その中の項目でいえば、この排泄という項目は、むしろ非常に問題が少ないといえるところです。

　これは現場にいるとよくわかることなのですが、排泄は他の項目とくらべると比較的早く自立するものなのです。

　意外に思えるかもしれませんが、このような点も従来の「障害」とは違います。以前からいた、全体的に発達が遅れている重度の知的障害の子どもは、内臓や脳などの問題のためか、排泄の自立は大きな課題でした。しかし近年増加している「気になる子」たちは、概ね早期に自分でできるようになります。就学まで自立できない子はめったにいません。

　これはおそらく、この子たちには触覚過敏があり、濡れた感触が嫌なのではないかと推察されます。かつては、典型的な自閉症の子の症状として、「ある特定のトイレでないとできない」「水の音がこわくてできない」というものがありましたが、近年では比較的早く療育を受けることが定着してきたこともあり、そのような頑なこだわりを見せる子は少なくなりました。

　事例㉕〜㉘を見ても、知的障害の程度はさまざまですが、だいたい排泄そのものはできるようになっています。ただ、㉕のように水やドアの開閉のこだわりなど、排泄に付随した余計なこだわりが身に付いてしまわないように気をつけることが大切です。

　事例㉗では、他の子がいるときが苦手なので一番に行かせているということですが、そのパターンだけを続けると、「一番へのこだわり」につながる危険性があります。いろいろなパターンでできるようにしておいた方がよいでしょう。

　事例㉘のように排泄の間隔が把握できないときは、最初は時間を決めて排泄することから始め、その中でだいたいの間隔をつかんでいく方法をとると、ほとんどの子はできるようになります。

Check Point 99
余計なこだわりにつなげない

排泄そのものは、意外にできるようになるものです。それよりも、水やドアの開閉などの付随した細部へのこだわりにつながらないよう注意しましょう。

事例と検証
遊び

子どもの年齢・性別	子どもの様子	ことばの面から見た子どもの特徴
㉙ 2歳男児（保育園）	**走り回ってしまう** ○部屋の中を走り回り小さい子（1～2歳児）にぶつかる。 ○机や台によじ登り、とびおりる。 ○固定遊具をつぎつぎ移動。 ○砂場で砂を投げる。	危険に対して注意するとひっくり返って泣き騒ぐ。 「～しないでね」と言うと、「～しない」と言ってまたすぐに始める。 イントネーションが一本調子。
㉚ 3歳男児（保育園）	**友だちと遊ばない** ○外に出ると固定遊具を次から次へと移動して遊ぶ。 ○泥遊び、水遊びが好き。室内ではブロック、友だちのそばには寄っていくが一緒には遊ばない。 ○見たての遊びはほとんどできない。	話しかけてくるがほとんど発音不明瞭で聞き取れない。 単語中心。 奇声がある。
㉛ 3歳男児（幼稚園）	**特定のものにこだわる** ○三輪車が好き。お気に入りの三輪車を他の子が乗っていると大騒ぎになる。 ○自分のときはゆずらない。 ○片付けの時間がきてもなかなか切り替えができない。 ○水道で手を洗い続ける。	「なんで？」「どうして？」が多い。 こちらからの説明や指示が長文だと、理解が難しいらしく何度も聞きかえす。 友だちとの会話はほとんどない。
㉜ 4歳女児（幼稚園）	**ルールのある遊びが苦手** ○しっぽ取り、鬼ごっこなど誘うと行うがしっぽを取られると大泣き。 ○フラワーバスケットではいつも中央にいたがる。	自分の思いを訴えることもあるが発音不明瞭。 こちらからの指示は、全体に対してのものは理解できないので個別に指示。 友だちとの会話はできない。
㉝ 4歳男児（保育園）	**虫取りが大好き** ○戸外では虫取りに夢中。 ○パズルやブロックが好き。 ○保育者がそばにいないと他児のをこわして楽しんでしまうこともある。	単語のみ。会話はオウム返し。 日常生活の簡単な問いかけには単語で答えるが、場に合わない答えになりやすい。
㉞ 5歳児男児	**戦いごっこからトラブル** ○特定の子と遊んでいるように見えても突然たたき合いになってしまう。 ○戦いごっこが好きだがすぐトラブルになる。	一方的に話すことが多い。思いどおりにならないと「バカヤロー」など乱暴なことばを使う。 注意すると言い訳や違う理屈を言う。

どう対応したか？	対応の検証
この子の興味のあるものを探した。 園庭遊びのときは全職員で見るようにした。 砂場で必ずトラブルになるので、友だちと離した。	**ポイント 落ち着ける場所を探して** ・広い場所より、少し囲まれたせまいところの方が落ち着くと思います。 ・これはいい方法です。砂場で相手に砂を投げているうちはまだ砂場での遊びは難しいと考えるべきです。
固定遊具の遊び方を教えながら一緒に遊ぶ。 遊びに興味を持つよう話しかけ、ひとつの遊びが長続きするよう働きかけた。 友だちに興味が持てるように誘う。	**ポイント 関わりを強要しない** ・それが興味の持てるものかどうか、よく観察して判断して下さい。 ・友だちとの関わりは強要しなくていいと思います。友だちのそばでひとり遊びというくらいでも十分だと思います。
保育者と一緒に「貸して」と言いに行った。 「あと1周したら交代ね」と順番をわからせる。 （なかなか納得しない） 水道は「おしまいね」と繰り返し教えた。	**ポイント こだわりの原因をなくそう** ・三輪車をすべてしまってしまうのもひとつの方法です。一種のこだわりなので、この方法では直らないと思います。 ・ことばでくり返すのではなく、手を洗ったら、水をとめて蛇口をとり外してしまうか、違うものに取り組ませるようにしましょう。
そのつど説明し、他の子との仲介をした。	**ポイント 無理せずひとり遊びでも** ・簡単な遊びでもイメージを瞬間的に共有しないと遊べません。仲介することも必要ですが、ひとり遊びでもよいのではないでしょうか。
保育者が他の子を虫取りに誘い一緒に虫取りを楽しめるようにした。 ごっこ遊びに誘い、ごはんを作ったり、食べたりなどのやりとりを保育者と行ってみた。	**ポイント ひとりで楽しめるものを大切に** ・虫取りは比較的多いひとり遊びのひとつです。それがほっとする時間ともいえるので、無理に友だちとの関わりを持たせなくてもいいのではないでしょうか。 ・この子の場合は、ごっこ遊びで無理に他の子と関わらせるより、ひとりで楽しめるものを探しましょう。
保育者があいだに入って仲裁をした。	**ポイント 戦いは、見ない・やらない** ・戦いごっこはトラブルのもとです。新聞紙などを用いての剣作りや、ヒーローものをテレビで見ることなどもできるだけやめた方がよいと思います。保護者にも提案してみて下さい。

事例と検証
運動

子どもの 年齢・性別	子どもの様子	ことばの面から見た 子どもの特徴
㉟ 3歳男児 (保育園)	**静止ができない** ○歩くより走ることが好きで、常に走っている。 ○走り方はぎこちない。 ○静止が苦手でなかなか止まれない。 　ブランコは好きではないらしく嫌がる。	単語中心。 発音不明瞭。 問いに対してはわかっていることは返せるが、関係のないことばが返ることもある。
㊱ 3歳男児 (幼稚園)	**走り回るが体操は嫌い** ○ホールをキャーキャーと自由に走り回るのは喜んで参加する。 ○体操は好きでないのかほとんど参加しない。	です、ます口調で話す。 自分の思っていることを一方的に言い、会話にならない。
㊲ 4歳男児 (幼稚園)	**体操ずわりができない** ○体操ずわりでは姿勢が崩れる。 ○組み体操の練習を嫌がる。 ○手先も不器用で、箸、はさみなどはうまく使えない。	理解はしているように見えるが行動が伴わない。 興奮して乱暴なことばを使う。
㊳ 5歳男児 (幼稚園)	**ぶつかる・転ぶ** ○走って転ぶ、何かにぶつかる。 ○手足のコントロールがうまくゆかず、けがが多い。 ○とっさの空間認識ができず物にぶつかることが多い。	けんかやトラブルの説明ができない。 相手の気持ちが推察できない。
㊴ 5歳男児 (幼稚園)	**跳び箱のタイミングがバラバラ** ○跳び箱では手と足の踏みきり方、つき方、跳ぶタイミングなどがバラバラ。 ○ピアノでの行進はスピードにあわせて比較的上手にできる。	長文は言えるが、例えばけがをしたときの説明などができない。 何にどこをぶつけたのかなど、少し長い質問に対して、「わかんない」と言う。
㊵ 5歳男児 (幼稚園)	**運動全体が苦手** ○運動に少しずつ興味を持ってきた。 ○縄跳びが苦手、鉄棒や巧技台は補助が必要。	質問にはある程度答えられる。 簡単な会話も保育者とならできる。 友だちどうしの会話はほとんどない。

どう対応したか？	対応の検証
サポートしながら遊具に挑戦させ、自信を持たせるように働きかけた。	**ポイント 意識的な運動に取り組んで** 静止は一番難しいことです。揺れに対しては過敏なところがあるのでしょう。"自信"ということだけではなく、もっと意識的な動きを取り入れましょう。
発散できるように場所と時間を考えて運動させるようにした。 この子もできる運動遊びを取り入れるようにして保育者が一緒に動くようにした。	**ポイント 頭を使って動く運動を** 発散という発想ではなく、線の上を歩く、ピアノに合わせてぞうさんやうさぎさんのように歩くなど、意識的な運動を取り入れた方がよいと思います。
姿勢が崩れると危険が伴うので、強く注意した。聞こえないふりをするので「どうして」と聞いたりした。 エジソン箸を使用。はさみは1回切りをまず指導した。	**ポイント できない動きは強要しない** 腕に力が入らないのです。ふざけているのではありません。体操ずわりは筋肉への命令が難しく姿勢がとれないのです。強く注意してもできないと思います。「どうして」と、聞かれても本人も困ってしまうでしょう。 1回切りでできる紙テープなど用意してあげるといいですね。
鬼ごっこなどをするときや、固定遊具で遊ぶときは様子を見守り、随時声をかけた。	**ポイント 意識運動を取り入れて** ぶつかる・転ぶなどは身体図式の問題が原因です。目、手、耳、足などを組みあわせて使うリズミカルな意識運動をもっと取り入れて下さい。
保育者が補助に付き踏み切るときには「グーだよ」。「トン」と両手をつき「パッ」と開脚するなど、早めに声をかけ援助した。早めの声かけでタイミングが合ってきた。	**ポイント 各部を統合することばかけを** 特徴をよくとらえた介助です。タイミングをとる練習として有効です。 ピアノはこの子たちの反応も比較的よく、動きの手がかりにもなるので、リズム運動にもっと取り入れて下さい。
巧技台は苦手意識にならないように補助しながら行った。補助でできたときでも「できたね」とほめながら行った。縄跳びは少しずつ段階を分けて行った。	**ポイント 意識させないさりげない介助を** このぐらいの子にはこのように、介助したことを意識させない介助が有効です。 「段階を分けて」というのもいいと思います。

事例解説
遊び

　遊びは子どもにとって生活の中心です。しかし遊びはイメージを伴うものなので、この子たちにとっては最も苦手なものなのです。特に友だちとの関わり遊びは一番難しいものなのですが、先生方は逆にそこに力を入れがちです。友だちとの遊びはイメージの共有です。瞬間的にイメージが共有できないと、お互いに関わり合って遊ぶのは難しいのです。その意味では、「友だちと関わって遊ぶ」というのは、この子たちにとって一番最後の課題かもしれません。

　事例㉙は、よく見られる状態です。砂を投げたり、広いところで走り回ってしまったりすることが多いのです。こうした場合に「そういうことしたらお友だちが困るでしょう」と話す先生をよく見かけますが、立場の逆転が理解できないのですから、友だちの立場をわからせるのは無理です。それよりも、そこから離れて興味のある他のもの（例えば固定遊具など）を探すのもひとつの方法です。なるべく囲まれたようなところが落ち着きます。

　事例㉚は友だちに興味を持たせようとしていますが、それも難しい課題です。瞬間的にイメージを共有できなければ遊べないからです。事例㉛もよく見られる光景ですが、ことばでルールをわからせるのは難しいです。物理的に、それがない状況にした方がトラブルが減ります。

　事例㉜の問題は、鬼のイメージが持てないこと。当然、ゲームは成立しません。しかしゲームは一生の課題ではないので、この子だけでできるひとり遊びがあるなら、それをする時間にしてもいいのではないかと思います。

　事例㉝の、他の子のものをこわして「キャッ」というリアクションを楽しんでしまうのもこの子たちの特徴です。この表面的な「ちょっかい遊び」は乱暴になりエスカレートしますので、こうなる前に止めるか、トラブルになるものは出さないか、のどちらかで対応します。また、ごっこ遊びの中でも、ままごと遊びは最も難しいものです。ルールもないし、役割が複雑で最もイメージを要求されるものだからです。ひとりで取り組める好きなことを探してください。とにかく何気ない時間を過ごす何かが見つけられるとよいと思います。この子たちにとって自由に遊ぶことこそ、一番難しいことなのですから。

Check Point 100

遊びは一番最後の課題

遊びはイメージを伴うものなので、「友だちと関わって遊ぶ」というのは、この子たちにとって、一番最後の課題。無理強いをしてトラブルを生まないよう、注意してください。

事例解説
運動

　事例㉟は、よくこの子たちの特徴をとらえています。通常の発達の子であればたやすく獲得していける動きが、この子たちにはとても難しいのです。特に静止を獲得するまでにはたくさんの脳の中のネットワークの練習をしなければなりません。意識運動を取り入れてくださいと提案するのはそのためです。

　事例㊱は、体操が嫌いというより自分で意識した（脳の中からの）運動の企画ができないのだと思います。発散のためではなく、有効な訓練になる運動を考えた方がよいと思います。一緒に動ける保育者が確保できているようなので、園での意識運動を行うようにし、一緒にやってあげると効果があがるのではないでしょうか。

　また、事例㊲のように、体操ずわりがきちんとできる園をめったに見かけなくなりました。今や体操ずわりは通常の発達の子でも難しいのです。筋肉のすみずみにきちんと命令が行き渡らないと姿勢が崩れます。

　事例㊳は、身体図式の問題。体の大きさや体の部位が脳の中に描けていないのです。自分の大きさが描けないから、物と自分の位置の計算ができず、よくぶつかりますし、つまずきます。

　この子たちは、事例㊴で見られるように、部分は正常なのに全体を統合してうまく動かせないところがあり、跳び箱でははっきりとその特徴が出ます。このケースではよく工夫し、タイミングを見て介助しています。成功体験が積み重なると精神的にも自己肯定感が得られます。また、ピアノの音はこの子たちにとって、手がかりとしてはとても有効です。

　事例㊵の介助の方法はぜひ取り入れてみてください。「気になる子」で最も留意しなければいけないことのひとつは、重度な知的障害の子と違い、彼らが「どうして僕はできないんだろう」と自己不全感を持ってしまうことです。しかし運動は目に見えやすいものなので、適切な介助や方法を考え「できた」という体験を積み重ねると、逆に自己肯定感につながります。遊びはイメージを伴いますが、運動はどちらかというと実際的なものです。運動の方が介助も考えられますし、成功体験を味わうこともできます。無理は禁物ですが、まずは脳のネットワークのための楽しい意識運動に取り組んでみることをおすすめします。

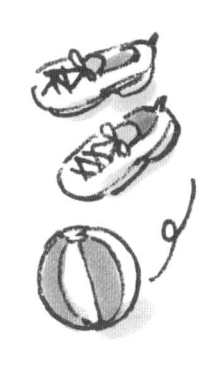

> **Check Point 101**
>
> **運動は、自己肯定感につなげやすい**
>
> 運動は目に見えやすいものなので、適切な介助や方法を考え、「できた」という体験を積み重ねれば、成功体験が味わえ、自己肯定感につながります。無理は禁物ですが、脳のネットワークのための楽しい意識運動に取り組んでみましょう。

事例と検証
人間関係

子どもの 年齢・性別	子どもの様子	ことばの面から見た 子どもの特徴
㊶ 3歳男児 (保育園)	**ひとり遊び** ○友だちと遊ぶよりひとりで遊ぶ。虫探しが好き。 ○保育者、おとなと1対1ならパズルなどで遊べる。	目を合わせて会話ができない。 単語で答えられる。 質問には応じることができるが 「今日は何が楽しかったの？」には答えることができない。
㊷ 3歳女児 (保育園)	**たたいたり、つねったりしてしまう** ○友だちに関心はあり、まねもしているが、一緒に関わって遊ぶことはしない。 ○何もされてないのに、通りがかりに友だちをたたいたりつねったりする。	ことばははっきりしているが、 一方通行で会話にならない。 この場にないことを言っていたりする。
㊸ 3歳女児 (幼稚園)	**気に入った子に対ししつこい** ○気に入った子に対してはしつこい。 ○顔を近づけたり抱きついたりする。 ○思いどおりにならないと手が出る。	話はするがやりとりになりにくい。 思いどおりの反応がないと怒る。 人を求めるときと拒否するときが極端。
㊹ 4歳男児 (保育園)	**わざと人の嫌がることをしてしまう** ○他の子どもとの関わりは好きそうだが、突然遊具を取ったり、他の子の嫌がることをして反応を楽しむところがある。 ○注意すると怒ったり押したりする。 ○友だちの名前は全部覚えている。	「ママ、行った」「トイレ、しない」など助詞がぬける。 気に入らないと保護者に 「おバカ」「おまえ」「あっちいけ」などと言う。
㊺ 5歳男児 (保育園)	**特定の子にこだわり** ○特定の子が好きで、隣に座りたい、一緒に寝たいと言う。 ○遊んでいるように見えても突然たたき合いやけんかになる。	おとなびた口調。 注意されたりしたときには わざと難しい質問をしてくる。 保育者が全体に対して質問をしたとき、まっ先に大声で答える。

どう対応したか？

保育者も一緒に好きな虫探しをして喜びを共有した。
保育者が対応できるときは、なるべくパズルなどの相手をした。

様子を見ながら友だちとの仲立ちをする。
たたく、つねるなどの行動が出そうなときには（予測できるようになったので）事前に止めた。

なるべく保育者が仲立ちをした。
暴力はいけないことを伝えた。

たたいたり押したりするときは
「いけない」と手をとる。

トラブルになることを未然に防ぐようにする。

対応の検証

ポイント ひとりでホッとするのも大切
- 嫌がらなければこのような対応もよいと思います。本人がひとりでホッとしたい時なのか他の人と遊びたいのかよく見極めてから関わりを持ちましょう。

ポイント ひとりで楽しめることを探して
- 仲立ちをして遊べそうならこの方法で。
- 関わって遊べないとどうしてもたたく・つねるなどの行動が多くなります。
このように事前に止めることも大事ですが、ひとりで楽しめるものを探してあげることも必要です。

ポイント 反省させるのは難しい
- クラスのみんなに対しては、こういうことが必要かもしれませんが、この子には理解が難しいと思います。
何か気に入って取り組めるものに誘いましょう。
ある子どもに対する興味がこだわりになってしまわないよう注意しましょう。

ポイント 興味の持てるものに誘って
- イメージの共有ができないので、わざと人の嫌がることをしてリアクションを楽しむようなところがあります。
どういう時にそうなるか観察し、事前に止めるか、もっと他の興味のあるものに誘いましょう。

ポイント トラブルは未然に回避
- 保育者がなるべく子どもたちのそばにいて予測しながら仲立ちをしていきましょう。
トラブルになってから関係を考えさせたり、反省させたりするのは、逆効果のときがあります。
トラブル癖を作らないことが大切です。

事例と検証
保育の中の「活動」

子どもの年齢・性別	子どもの様子	ことばの面から見た子どもの特徴
㊻ 3歳男児（幼稚園）	**集中が続かない** ○机上の製作活動の際は、座ってはいるが集中が長続きしない。 ○絵画はなぐり描き。クレヨンをいじることに興味を示す。	知っている単語は多く発言の内容も多少高度ではあるが、きちんと理解しての発言ではないことが多い。 問いに対しての答えが正確には返ってこない。
㊼ 4歳男児（保育園）	**はさみ、のりが苦手** ○指先を使うことが苦手。 ○はさみが苦手（1回切りがようやくできた）。 ○のりの適量が理解できない。	2語〜3語文が出ているが、自分の気持ちを伝えることはうまくできない。 過去の話が苦手。
㊽ 4歳男児（保育園）	**折り紙が苦手** ○指先が不器用なので折り紙などが苦手。 ○苦手意識も強い。	発音不明瞭で聞き取りにくいが聞かれたことにはだいたい答えられる。 友だちと会話をするところまではいかない。
㊾ 4歳女児（保育園）	**機嫌が悪いとやらない** ○活動に入る前に気持ちがこじれていると、やれることでもやろうとしない。	長文を組み立てる苦手さがあり、友だちに話しかけたりはするが前後のいきさつがわからずやりとりにならない。 気に入らないと攻撃的なことばを使う。
㊿ 5歳男児（保育園）	**話し合いが苦手** ○先生の話を聞く、みんなで相談する、などの場面では落ち着かない。	保育者の指示はだいたいわかり行動できるが、いくつも指示を出されるとわからなくなってしまう。
51 5歳男児（幼稚園）	**説明が聞けない** ○その場にはいるが保育者の説明をさえぎり自分の思いを話したがる。 ○わざとふざけたりする。	長文を話せるが乱暴なことばが多い。 保育者が話していると、話をさえぎったり指示をしたことと反対のことばをわざと言ったりする。

どう対応したか？	対応の検証
全員への説明が終わったら、1対1で個別に指導した。集中力が短いので、工程を少なくしたものを用意した。完成までひとつひとつ手伝い、「できたね」と達成感を味わえるようにした。	**ポイント 短い工程でできるものを用意** とても細やかで適切な配慮です。本人の自尊心に気をつけながら行って下さい。 人手があるときはこのように手伝いながらの対応がよいと思います。
この子のために1回切りでできるものをたくさん作っておいた。 のりをつけるところに印をつけた。 のりを使う量だけ違う容器に入れた。	**ポイント 道具や物の方に工夫を** とても適切な配慮です。不器用さはすぐには改善できないのでこのように"物"での工夫は必要ですね。 わかりやすくて達成感につながります。
完成品を最初に見せ、工程を順番に貼って実際に折るところを見せていった。 折り紙のアイロン（きっちり折るところ）は手助けをした。	**ポイント 完成品を見せ見通しを持たせて** 見通しが持ててわかりやすい配慮です。 他の子にも有効ではないでしょうか。
機嫌の悪いとき、人が混み合うときなど、苦手な場面での行動はどんどん手伝い、なるべく機嫌よく活動に入っていけるようにした。	**ポイント 気持ちよく活動できるよう支援を** このように感情をこじらせないのもポイントです。手伝いははじめは多くして、できるようになったらだんだん少なくしてみましょう。
全員にいすを用意し、席を決めた。 どうしてもこの子に無理なものは違う活動を用意した（好きな絵本など）。	**ポイント 違う活動を用意して** よい方法ですね。無理強いは禁物です。時にはその子の好きな活動を用意するなどの配慮も必要ですね。
「最後まで話を聞こう」と声をかけた。何がよくて何が悪いかわかりやすく伝えた。	**ポイント 説明は絵を使ってわかりやすく** この説明では本人がわかりにくいです。製作などの説明が、ことばだけではわかりにくいのではないでしょうか。サンプルや工程の絵などで、わかりやすくしてみて下さい。

事例解説
人間関係

　遊びと並んで、最も対応が難しいところは人間関係です。つまり「目に見えないもの」を感じ取ることが苦手な子、イメージや意味理解が難しい子にとって、人との関係ほど得体の知れないものはないからです。ここには代表的なものを5例とりあげましたが、この項目にはよく似た記述が非常に多くありました。

　事例㊶は過ごし方では最も多いと思われる虫探しとパズルについて書かれています。本人が嫌がらなかったら、保育者が一緒にやるのもいいでしょう。保育者は子どもの状態を見極めながら相手ができますが、子ども同士ではそれが難しい場合があります。また、本人が好きなことに向かっているときに、子ども同士の関係の強要はやめた方がよいと思います。

　事例㊷は、保育者がよく子どもたちの状態を見ながら仲立ちができるのならよいのですが、子ども同士で問題を解決させようとしたりするのは両方にとってかなり困難な課題です。4歳以上の通常の発達の子であれば、相手が独特なタイプの子であることはわかりますが、その子の状態にあわせての対応は、子どもだけではやはり難しいときがあります。周りから見るとやや理不尽な行動が多いので、ほかの子はなかなか納得できないものです。

　事例㊸や㊺のように特定の気に入る子ができ、その子に対して接近しすぎの状態もよく見られます。気に入る子をそばに置くことがよくありますが、単なるこだわりになってしまうときもあります。相手の子の負担にならないよう注意してください。相手との距離感がつかめず、思いどおりにならないと突然乱暴をしてしまうことがあるからです。

　事例㊹ですが、友だちの名前やマークをいち早く覚えるのもこの子たちの特徴のひとつです。しかしそれはある意味、形に対するこだわりのひとつだったりします。別にそれはそれでよいのですが、関心があるのだと思い込んで関係を強要することは避けた方がよいと思います。

　事例㊺のようなときはその行動を未然に防ぐという配慮が必要です。むしろ子どもの力を過信せず、トラブル癖をつけないことの方が大切です。つまり混乱を用意しない、ということです。

Check Point 102
人間関係は強要しない
人間関係、友だち関係では、つい、子どもの力を過信し、子ども同士を関わらせようとしてしまいがちです。無理に関わらせようとせず、予測できるトラブルは予め回避し、トラブル癖をつけないことを心がけます。

事例解説
保育の中の「活動」

　ここでは、クラスやグループで何かに取り組む、保育の中の活動における事例をまとめました。要配慮児への対応という視点から保育の中の活動を考えると、そうした活動は、その子の「できるところまで」というのが基本です。活動はそのつど違うわけですから、それに取り組むことによって何かが少しずつ改善されるという程度でよいと思います。大切なのは、他の子も自分も着席して同じことに取り組んでいるという状態が実現できるということです。私自身の療育センターの経験では、一日の大半を自由に過ごす園では、ある子は何ひとつ身に付けられずに卒園していき、その後困難な学校期を過ごしたという例があります。みんなで自主的に自由に遊ぶというスタイルのみでは、この子たちにはとても苦痛になる場合がありますし、必要なことが身に付きません。また、あまりプログラムがありすぎるのも困ります。やはり適度なバランスで自由な遊びと一斉活動があるのが望ましい気がします。

　事例㊻のように集中できる時間に合わせて工程を考えるのはよい配慮だと思います。

　事例㊼は手の器用さをよく見極めています。不器用さはすぐには改善しないのですから道具や対象物への工夫でカバーすることが大切なのです。

　事例㊽のように完成品を見せるのはとても有効です。「見通しがたてられない」というところが特徴なのですから、「あれを作っていくのか」と先の見通しをたててやると取り組みやすくなります。通常の保育では「先に結論ありき」はよくないのかもしれないのですが、この子たちにはこの段階が必要なのです。ここに載った事例の問題はすべて、この子たちが「意外に理解していない」ことに起因しています。そういう仮定を前提に、導入や説明の方法を工夫し、図や絵を交えながらの説明にするなどもっと手がかりを多くしてみるのも方法です。

Check Point 103
園でしか身に付けられないものを重視して

自由に過ごす、自分で考えて遊ぶ…。通常の発達の子にとっては大切なことですが、この子たちにとっては、園でしか身に付けられないもっと重要なことがあります。生活習慣など、必要なことを身に付けられるよう、一斉活動のいい部分をうまく活用してください。

事例と検証
お集まり・紙芝居・絵本など

子どもの年齢・性別	子どもの様子	ことばの面から見た子どもの特徴
㊾ 3歳男児 （保育園）	**きちんと座っていられない** ○床でのお集まりは動き回ってしまう。	オウム返しがまだある。 簡単な質問には「いやだ」「いいよ」で答える。 場に合わないことを言う。
㊾ 3歳女児 （幼稚園）	**なかなか座れない** ○お集まりへの集中ができない。 ○なかなか座れない。	自分の興味のあることばを繰り返す。 保育者のことばが理解できず、質問と違う答えが返ってくることもある。
㊾ 3歳女児 （保育園）	**紙芝居が注視できない** ○絵本・紙芝居を読んでいるときはその場にはいるが、違うところを向いている。 ○大きい声で、お気に入りの歌を歌い始めたりする。	ことばははっきりしているが一方通行。 会話は成り立たない。 全体での指示では動けず、必ず個別に声かけをする。
㊾ 4歳女児 （保育園）	**遊びからお集まりへの切り替えが苦手** ○切り替えが悪く、かんしゃくをおこすことが多い。 ○お集まりに間に合わない。	長文を話せるが一方通行。 予想しなかった問いかけには答えきれない。 語彙は豊富。
㊾ 5歳男児 （幼稚園）	**説明中に話し出してしまう** ○朝の会でふざけて話し出してしまう。 ○紙芝居をしている最中にも勝手に話し出す。	長文を話せるが過去の説明は難しい。 流れが理解できず全体への説明が理解できないので、「どこに行けばいいの？」「今日は○○ないの？」と聞いてきたりする。

どう対応したか？	対応の検証
いすと机を出した。 （全員座っていられるようになった）	**ポイント いすと机を用意してみて** 床は、位置が見えにくいのと休操ずわりの姿勢がとりにくいので集中ができません。 この方法がいいと思います。
まず静かなピアノから始めた。 お集まりの順序も考えて、ことばだけでなく視覚的なものも取り入れるようにした（ボードに描いて説明するなど）。	**ポイント 集中できる入り方を工夫** これはとても有効です。朝、外遊びから室内に入ったらまず静かに始めた方が落ち着きます。 他の子にとっても流れがわかりやすくなりますね。
「今は＊＊の時間だよ」と注意した。	**ポイント 簡単なものから始めてみて** 絵本や紙芝居はことばによってイメージが作れない子たちには注目が難しいものです。 時折2場面展開のものや、音を楽しむものなどを取り入れてみたらどうでしょう。
担任と加配の保育者が、かけることばを一致させた。なるべく早く声かけをした。	**ポイント 事前に予告し心の準備を** 声かけだけではなく、お集まりが始まる時刻から逆算して15分ぐらい前から予告しつつ片付け始め、少しずつ収束に向かってお集まりに…という流れをつくりましょう。
「今は先生のお話を聞くときだよ」と真剣に伝えた。 「お話は紙芝居が終わってからね」とそのつど伝える。	**ポイント 割り込みの発言には反応しない** 多分、ことばだけのお話が理解できないのだと思います。紙芝居も注目するのが苦手です。こうした時は、あまり反応せず進めていってしまった方がエスカレートしません。

事例と検証
流れの理解

子どもの 年齢・性別	子どもの様子	ことばの面から見た 子どもの特徴
(57) 3歳男児 (保育園)	**他のことに気をとられる** ○友だちの動きで一日のおおまかな流れは理解しているように思うが、この子のこだわる刺激（虫、車）などがあると興味がそっちにいってしまう。	発音不明瞭だが2語文で話す。 簡単な問いには答えられるが会話は難しい。 気に入らないと乱暴なことばになる。
(58) 4歳男児 (幼稚園)	**特定の好きなものにこだわる** ○水やブランコへのこだわりが強い。 ○滑り台も好きでずっとやっている。	です、ます調で話す。 クラスの友だちの名前や先生の名前を名札で覚えている。 会話は難しい。
(59) 4歳男児 (幼稚園)	**一日の流れが理解できている** ○一日の流れ（朝のしたく→自由遊び→朝礼→朝の会→一斉活動→昼食→自由遊び→帰りの会）は頭に入っていて、自ら保育室に入って取り組める。 ○一日の流れはこの子の支えのようである。	オウム返しがある。 やってほしいことは「やって」、要求は「お茶」など単語で言える。 意味のないことばを言うときがある。
(60) 4歳男児 (幼稚園)	**だいたい流れを理解している** ○一日の流れはだいたい一定なので理解している。	小さい声で発音不明瞭。 楽しいときやテンションが高いときは大声、時々奇声を発する。 保育者と簡単な会話はできる。 小さい子には話しかけたりしている。
(61) 5歳男児 (保育園)	**流れにのれるようになってきた** ○流れは一定しているのでのれてきている。	会話も成立するが、知っていることについては発言が止まらない。 保育者が話しているときでも重ねて話してしまうこともある。

どう対応したか？	対応の検証

どう対応したか？

個別に声かけなどをして切り替えできるようにした。
本人が嫌がっても、みんなと同じことができるよう声かけをした。
抱き上げて移動した。

ポイント 他の子の動きもわかりやすく
- 本人が嫌がらない切り替えを考えましょう。事前に予告するタイミングを見極めましょう。まず一日の流れにメリハリがあり他の子の動きも明確になっているかどうかの見直しが必要です。ボードなどに書くか貼るかしてみんなにわかりやすくしましょう。
- これは習慣になると、後々大変なのでやめましょう。

なるべく自分の力で動けるように見守った。
楽しいことを優先するようにした。
「楽しい」と思えるように園生活を経験させるようにした。

ポイント こだわりを強めないよう注意を！
- 一日の全体の流れのメリハリがありますか？自分の力だけでは難しいです。
- 楽しいことのみ優先というのは、それがこだわりになる可能性があります。日常生活の優先順位をよく考えて下さい。

黒板に一日の流れと時計を掲示してあるが、この子にも個別に「＊＊するよ」と伝えた。わからないときは使う物（教材やクレヨンなど）を見せた。

ポイント 流れが目に見えるようさらに工夫を
- 一日の流れがわかりやすいと安心感につながります。クラス全体にわかりやすくしておくといいですね。
- これもわかりやすい配慮です。

わかるように黒板に掲示しておいた。毎朝みんなで確認してからスタートした。本人も何度か見て次は何かと確認していた。
いつもと違うことをするときは、前もって知らせたり、その場所に1回行ってみたりした。

ポイント 一日の流れをみんなで確認
- 見通しを立てることができない特徴を持っているので不安なのだと思いますが、こうするとわかりやすいですね。
- これはいい方法ですね。

たまに違うことを提供してみている。
違うプログラムを提供するときは、事前によく説明するようにした。説明の理解はまだ難しいようだった。切り替えはまだ難しい。

ポイント 安定してきたら、違うことにも挑戦
- まず一定の流れにのれているので変更にも対応できるようにしているとのこと。
- とてもよい工夫だと思います。違うプログラムを提供するときは、本来の目的から外れないよう注意して手順を変えるなどしてみましょう。ことばによる説明だけでは理解が難しいかもしれないので、実物を見せたりするといいかもしれません。

事例解説
お集まり・紙芝居・絵本など

　園で毎日行われるさまざまなプログラムにも、この子たちが苦手なものが多く見られます。イメージや意味理解を必要とするものが多いからです。集会の際のお話でも、ことばではまったく集中できません。朝や帰りのお集まりはプログラムを決め、わかりやすい図や絵を使いながら行ってみましょう。

　紙芝居や絵本も苦手です。テレビやペープサート、パネルシアターなどは、そのものに動きがあるため一応見られるのですが、紙芝居や絵本は動かない一枚の絵です。先生のことばによってその次の場面をイメージしたり、登場人物に思いを馳せられないと一枚の絵を注視することはできません。着席はしていても視線が泳いでしまう、といった子はやはりイメージを描くことが苦手な子といえます。絵本は紙芝居より小さいのでさらに注視が難しいのです。もちろん素話はもっと難しいです。

　事例㊷は、私の「床でのお集まりは難しいのです」という講義の後、早速机といすを出した例です。動き回っていた子が着席できるようになったというだけでなく、姿勢がとれず崩れてしまっていた子も含め全員が着席できるようになったということです。それは多くの研究会で報告されます。この子たちは筋肉への指令がうまくいかないので、いすの方が安定するのです。それから机を出すことも重要です。人間は目の前に机があると安定します。

　事例㊴では、この子たちはとりあえずそこに座っていることができるだけでもよいと思いますが、時折、こういった子どもが注目できるように、2場面展開くらいの紙芝居や絵本を取り入れるとよいかもしれません。割り込み発言には、いちいち注意するとそれが逆に楽しみになってしまうので、反応せず続けてしまいましょう。あまり反応しないでいると割り込みは少なくなります。これは事例㊽も同様です。

Check Point 104

割り込み発言は、やり過ごす

お話や紙芝居などの際に騒いだりしゃべったりしてしまうことに対して、そのつどこまめに対応すると、それが逆に楽しみになって癖になる恐れがあります。反応せずに進めてしまうと、少なくなるものです。

事例解説

流れの理解

この子たちの特徴は、見通しがわからないところからくる不安定さです。クラス全体にメリハリのあるプログラムが組まれているかどうかが安定への鍵になります。環境や愛情不足による不安定さを見せる子にとっても、わかりやすく達成感のある保育の提供は、クラスの安定につながるひとつの方法だと思います。年度の始まりなどで、園生活に慣れるまでは自由にして、少しずつ形をつけていくスタイルがとられることがありますが、最初から流れをはっきりさせる方がこの子たちは安定します。

事例(57)に見られるように、母集団（つまり他の大多数の周囲の子たち）の動きはこの子たちにとって大きな手がかりになります。専門機関の指導で、その子だけに絵カードを使わせている園がありますが、母集団の動きを手がかりにできれば絵カードなどは不要な場合が少なくありません。その後ずっとカードに囲まれて生活する訳ではありませんから、通常の生活の中でできるようにする方がよいと思います。切り替えが上手にできるようになれば、将来の選択肢が広がります。それが就学前に身に付かないと、自分の好きなことだけをし続けることになり、後々大変な状態になることがあります。就学前（専門的にいえばもっと低年齢の時）に獲得できなかったものを、それ以後に獲得することは非常に難しいのです。

事例(58)も同様です。好きなことだからといって一日中ブランコや水で遊ばせる園がありました。先生たちも「いつか変わる」と思っていたのでしょう。しかし、後々のことをよく考えれば、なるべく本来の日常生活に近いスタイルを身に付ける方がよいのです。

事例(59)のように、基本的な流れは変えずに一部を少しずつ変えていく方法がよいのではないかと思います。子どもの様子の記述に「一日の流れはこの子の支えのようである」とありますが、この子の状態がよく表れています。「安定」とは、好きなことをしていて気持ちが一定していることだと思われている感もありますが、そうではありません。 必要なことをきちんと行え、また、その中で何か変化があってもパニックにならないように情動のコントロールができること、それが「安定」です。

Check Point 105

はじめはまず、形から

先々の見通しが立たず、何をしていいかわからないことは、一番の不安要素になります。園生活の始まりに、まず一日の流れをきちんと身に付けたいものです。自由な活動への発展はそれからでもいいと思います。

事例と検証
困った行動

子どもの年齢・性別	子どもの様子	ことばの面から見た子どもの特徴
⑥2 3歳男児 （幼稚園）	**抱っこしないと何もできない** ○朝登園したら「抱っこ」を要求する。 ○切り替えの悪いときや移動時も抱っこで落ち着かせている。	2語文を言えるが発音不明瞭。 ことばだけの指示では理解が難しいことが多い。 数字や友だちの名前には興味がある。
⑥3 3歳男児 （幼稚園）	**特定のものへのこだわり** ○野菜のおもちゃを手に持つのが好きで、家からきゅうりのおもちゃを持ってくる。 ○園にある野菜のおもちゃをかごに入れて必ず持ち歩く。	3語つながったが、助詞は入らない。 自分の嫌なことは「R これ やらない」「R おそと いかない」などと伝えてくる。
⑥4 4歳男児 （保育園）	**順番へのこだわり** ○順番にこだわる。 ○とにかくすべて1番になりたがる。 ○1番になれないと大騒ぎになる。	自分の思ったこと、過去のことなども話せるようになってきた。 友だちとの簡単な会話もできるようになった。
⑥5 5歳男児 （幼稚園）	**脈絡のない問題行動** ○机に乗ったり、本棚の上に乗ったりする。	気に入ったことばを大声で言う。 他児のまねをして「知らねえし」「やらねえし」と言う。 過去のことも答えられる。
⑥6 5歳男児 （保育園）	**乱暴な言葉** ○わざと乱暴なことばや汚いことばを言う。 ○「ばばあ」「ばかやろう」など。	自分の思ったこと、過去の経験などを伝えられる。 思い通りにならないと「うるせい」「ばかやろう」など攻撃的なことばを使う。
⑥7 5歳男児 （幼稚園）	**友だちに乱暴してしまう** ○友だちと遊んでいても、思い通りにならなかったりするとたたいたり押したりする。 ○ふいに理由もなくたたくこともある。 ○物を投げる。	長文を話し、会話らしくなってきている。 しかし、まわりの雰囲気などを察することができず、突然何か言い始めたりする。

どう対応したか？	対応の検証
なるべく不安にならないよう、「抱っこ」の要求に沿って対応した。	**ポイント 抱っこ癖をつけさせない** 朝のパターンをきちんと決め、毎日同じように介助をし、朝のおしたくがすんだら興味のあることを提供しましょう。 抱っこの習慣は癖がつくと大変です。
安心できるようにしたいようにさせ、見守った。	**ポイント こだわりはなるべく早くなくす** 不安定にならないためにこうさせているのでしょうが、こういったこだわりはなるべく早くなくしていくのがポイントです。 手に持たずにさっと出かけられるようにしましょう。このままにしてしまうと、こだわりが強くなりエスカレートすることがあります。
順番が1番にならないこともあることを経験させていった（例えば、お昼寝の部屋に移動するとき、パジャマの色の順に、など）。	**ポイント 1番以外を体験させる工夫を** とてもいい方法です。できればなるべく低年齢から、こういう経験をさせていくといいですね。
いけないことを繰り返し伝え、違う行動に誘った。	**ポイント わかりやすい時間を増やして** ことばで伝えるだけでは理解できません。具体的に何をするか、目的を持った時間を多くしましょう。 プログラムの見直しも必要です。この子が取り組めるものを考えましょう。
そういうことを言われれば相手は嫌な思いをすることを、必ず伝えていった。	**ポイント 見本として取り組めるプログラムを** 相手の思いに気づかせるのは難しいです。どういうときにこうなるか、記録をとってみて下さい。おそらく自分が取り組むものがないときです。友だちとの関わりが難しいのではないでしょうか。興味のあるものを提供しましょう。または設定のプログラムをもう少し多くしてみましょう。
目を離さずに、たたいたり押したりする前に手を止めた。	**ポイント イメージの共有は無理をしないで** イメージの共有ができないので関わりあって遊ぶことができずこのようにたたいたり押したりして相手のリアクションを楽しむようになります。 する前に手を止めるのはもちろんですが、その子が自分で取り組めるプログラムを考えましょう。 こういったことをことばだけで理解させるのは無理です。

事例と検証
特別な時間・行事

子どもの 年齢・性別	子どもの様子	ことばの面から見た 子どもの特徴
⑱ 3歳男児 （幼稚園）	**礼拝が苦手** ○礼拝のとき動いてしまう。	オウム返しがある。 単語は言えるようになった。 簡単な問いかけもあまり答えられない。 歌は好き。
⑲ 5歳男児 （幼稚園）	**静かに聞けずに話してしまう** ○自分の話したいことが一番なので、茶道指導の「静」の時間のときに勝手に話し出してしまう。	長文を言えるが一方的に話したがる。 違う話題も自分の話したいことにおきかわってしまう。 場のことも考えず大声で話し出す。
⑳ 4歳男児 （保育園）	**誕生会の発表が心配** ○日常の流れにはのれていて、変更もわかるようになった。 ○誕生会で名前、年齢、好きな遊びなどを発表することができるかどうかわからなかった。	決まったパターンのことば（あいさつ、当番のことばなど）は言えるようになった。 友だちとの会話はまだ難しい。
㉑ 5歳男児 （保育園）	**運動会の練習ができない** ○8月下旬から運動会の練習が始まったが、何をするか理解できず抵抗。 ○砂を投げる、手が出るといった行動が目立った。	要求をことばで訴えられるようになってきた。 クラス内で自分の思いを言えるが、友だちの話を聞くのは難しい。
㉒ 5歳男児 （保育園）	**いつもと違うことができない** ○いつもの流れだとスムーズに過ごせるようになった。 ○遠足で電車に乗るなど、新しいことなどには抵抗がある。	単語中心。 あいさつなど決まったことばは言える。
㉓ 5歳男児 （幼稚園）	**劇の発表の練習ができない** ○劇の発表の練習が続いた。部屋で座って待つ時間が長くなるとじっとしていられない。 ○以前より落ち着きがなくなる。	「おれ」「～してんじゃねえ」など、乱暴なことばを多用。 理屈づけなどが多い。

どう対応したか？	対応の検証
最初は礼拝を短くすることから始めた。	**ポイント 興味のある部分だけの参加も** 礼拝そのものが"神様"というイメージがないと理解しにくいものです。 興味のある歌の部分だけでもいいですが、どうしても無理なら参加しないで違うものに取り組ませるのもいいのではないでしょうか。
茶道の先生がそのつど答えていた。 年中のときから行っているので、大きい声でおしゃべりしたときは、どうしてか聞いてみたりした。	**ポイント 話し出しても、反応せずに進める** 茶道そのものが無理かもしれませんから、違う場で違うことをするプログラムを用意してもよいのでは。 茶道の先生には、「この子が何か話し出してもそれに反応せず進めて下さい」と伝えてみて下さい。
前日まで何回か練習し、どの先生に向かって言うのか明確にしておいた（当日は自分の番まで待つのが大変だった）。小さい声だが発表することができた。	**ポイント 形を明確にしてリハーサルを** このように形を明確にして、何回かリハーサルをしたという方法は、子どもによってはよい方法だと思います。
リズム遊びを取り入れた。リズムなどは理解でき、取り組みやすかったようだ。 順番は絵カードを使った。 当日は先生のまねをしながらできた。	**ポイント 見通しを立ててわかりやすく** 運動会は5歳児なら昨年も経験していると思うので、写真を使うなど導入の工夫も必要です。リズムから取り組んだのはわかりやすくてよかったでしょう。
遠足で乗る電車に前もって家族で乗ってみることをすすめた。すぐやってくださり、無事に行ってくることができた。	**ポイント 慣れないことは少しずつ慣らして** 日常のことが安定してできるようになったら、いつもと違うことにトライするのも大切です。 ここまで提案できる保護者との関係も素晴らしいものです。信頼感があるのでしょう。
他児と席を離したり、ある程度の動きはそのままにし、動かないよう説得した。しかし問題行動はますますエスカレートしていった。	**ポイント 無理に参加させるのは逆効果** 説得するよりこの子の興味のあるものを提供した方がよいように思います。

事例解説
困った行動

　困った行動への対応の基本は、社会的に見て、「このまま大きくなったら困るな」と思うことはできるだけ早くなくしていく方がよいということです。対応は、2歳代で始めるのがベストです。つまり、困った行動が身に付く前に、いい形で暮らす方法を身に付けていけばいいのです。

　事例㉒にあるように、不必要に抱っこの癖をつけると後々がとても大変です。朝のおしたくは順序を決めて介助しながらパターンをつくってください。そのパターンが身に付くと朝のトラブルは減ると思います。

　事例㉓のようにいろいろなものを手に持って外出したい子は多いです。そのままにするとどんどんエスカレートします。でもこの癖もなくそうと思ったらすぐ消えるものです。この子が持ちたがるし、取り上げると騒ぐから、と周囲はおどおどしてしまいがちですが、持たないで家を出る、ということを決めてすぐ取り組んでみることです。その際「あれは、今日は持たないからね」などと強調しないことです。「さあ出かけましょう」とさっと出ましょう。一番騒ぐ子で5回ぐらい、短ければ2回目ぐらいで身に付きます。

　事例㉖、㉗のような乱暴なことばや行動は、実に多くの事例が報告されています。特に5歳児に多いのですが、それは、イメージの瞬間的なやりとりで遊ぶ5歳児の仲間に、自分が入れないことが明確になってくるとこのような行動が多くなるためです。この子たちは「入りたいのに入れない」、というときなどに、わざと乱暴なことばや行動に出てそのリアクションを楽しむようになります。この問題行動が起きやすい時間帯は明確で、フリータイムか、何をするかよくわからない時間帯です。活動と活動のあいだを短くしたり、先生があいだに入って遊んだり、むしろこの子が自分なりに取り組めるものを提供したりすることが必要です。問題行動がおこってから、因果関係を考えさせたり、お説教するのは、もともと罪の概念を持つことが苦手なので、あまり意味がありません。

Check Point 106

フリータイムに要注意

問題行動が起きやすい時間帯は明確で、フリータイムか、何をするかよくわからない時間帯です。活動と活動のあいだを短くする、先生があいだに入って遊ぶ、自分なりにひとりで取り組めるものを提供するなど、工夫しましょう。

事例解説
特別な時間・行事

　事例㊿の茶道の時間などもこういう子にはとても苦手な場面です。静かにしなくてはいけないところでわざとしゃべってしまうというのもよく見られることです。しかしここでは「どうして？」などと聞くより、そのまま進めてしまってもよいのではないかと思います。研究会でも、そのようにアドバイスしたら、その後おしゃべりが減ったという報告を受けました。

　事例㊽は、その子ができるよう礼拝を短くしたという例です。しかしそれも、無理は禁物です。

　事例㋘は誕生会の場面です。この園のように、形を明確にして何回かリハーサルをしたというのは有効な方法だと思います。

　事例㋑は運動会です。運動会はどの園にとってもこの子たちの参加のさせ方に迷うところです。この場合は突然練習が始まっても何なのかわからないと思うので昨年の写真などを使い、導入から工夫した方がよかったかもしれません。私の経験では、運動会は練習のときは大騒ぎでもどういうわけか本番はできてしまったという場合が多いです。

　事例㋒は地方の保育園です。日常の保育が安定した上で、違うことにトライした好例です。卒園遠足をなんとかいい形で経験させたい先生の熱意が伝わってきます。新しいことに抵抗がある子でしたが、前もって経験させることで当日みんなと一緒に卒園遠足が実現できたということです。

　事例㋓は劇の発表です。やはり先々のことにイメージを描いたり見通しを持つことが難しいので、運動会より形が見えにくいものなのです。また待ち時間が長いのも苦手です。「参加をどうしたらよいか」のあたりから検討した方がよいのではないでしょうか。

　いずれにしても、園での行事や特別な時間は、一生でどうしても必要なものではありません。原則はシンプルに「無理をしないこと」。また、取り組みの際には、それを保護者と相談するよい機会とする、ということを心がければよいのではないか、と思っています。

Check Point 107
行事には無理に取り組まない

行事は園にとっては大切なものですが、この子たちの一生の中ではどうしても必要なものではありません。参加が難しかったら、無理にさせなくてもいいのではないか、と考えます。無理に取り組むより、対応について保護者と話し合うよい機会として生かしましょう。

実践編まとめに代えて――Ｒ園の実践

　「講義を何回も聞くだけではだめですよ。とにかく配慮ある工夫を開始することですよ」と私は研究会で何回も伝えます。先生の声やことば、プログラムの工夫がその子の未来を決めるのだから、と私は言います。

　第２章のまとめとして、最後にＲ園での継続的な実践記録をご紹介します。Ｒ園は幼稚園で、全体で196名。3歳児2クラス、4・5歳児は3クラスという規模の園です。1人の子に対してどう配慮を行っていったか、また、それでその子がどう変わったか。4月、6月、10月の3回の記録をまとめてみました。具体的な取り組みによって子どもが変わっていくことがよくわかると思います。

　私の研究会では、参加園に10例前後、今回紹介したような記録を出していただきます。参加者全員が同じプリントを手にして、一緒に各園の事例を学びます（私はこれを、グループワークの手法に類似した方法と思っています）。私は長年療育センターから多くの園を訪問し、実際のコンサルテーションを行ってきたこともあって、記録を見るだけで園の形態や事例のだいたいの判断がつくようになりました。私の助言に対して、「まるで園を見ているようですね」とよく言われますが、それができるようになるために38年かけたといっても過言ではありません。そして参加した先生方は「研究会での指導のとおり工夫すれば子どもたちは変化していく」という実感を持ってくれています。

　このＲ園はそうした多くの園のひとつです。このＲ園は、なんといっても研究会後すぐ工夫に取り組んだ、ということが大きいと思います。伝統のある園、経験豊富な教諭であればあるほど、なかなか自分たちの方法を見直すのは勇気がいることだと思います。表の右上端に先生の経験年数を載せたのはそのためです。Ｒ園では必ず私の研究会のあと、細部にわたって園内研修をしたそうです。一人ひとりに対する配慮のためにはチームワークが必要ですし、教諭全体の理解と共感が必要です。事務職の方も含めて協力態勢をとられているようです。またこの園は、フリータイムと一斉保育をバランスよく取り入れています。全体もわかりやすく、それがこの子にとっても拠り所になっているようです。

　保護者とも信頼関係を結ぶ努力をしています。最初は「個性として受け止めたい」と言っていた保護者ですが、お弁当の量や道具など、やりやすいところから提案していき、最後には専門機関につながることができました。研究会では、「できていないところを伝えるより、具体的な配慮を行い、それを伝えていくことの方が保護者との信頼関係をつくりやすい」という助

言をしています。配慮や工夫を考え実行し、Aくんの変化を一緒に確認することで、「園も協力してAくんを育てていきますよ」という姿勢が保護者に伝わったのだと思います。また、直接Aくんのことではないのですが、「落ち着きがなくて友だちとのトラブルが多発する子に、ヒーローものはあまり見せないほうがよいかもしれない」という私の話も、上手にAくんのお母さんに伝えてくださいました。Aくんの家庭では早速それを実践してくださり、いっそう落ち着いたとのことでした。

　詳細な助言は以下の事例ページを参考にしてください。私は横浜市教育委員会の専門職委員として学校支援の仕事もしていますが、就学前に身に付けられなかったことを学校期に改めて獲得するのはとても難しいことだと痛感しています。特にこの子たちはそうです。

　このR園では、4月の1回目の研修後すぐに具体的な配慮を開始し、研修後には下のような実践報告を出してくれました。

研修後の実践報告

　Aくんは入園前から「要配慮児」ではないかと予測はついたのですが、対応をどうしていいかわかりませんでした（もちろんそれなりの工夫をしてはいたのですが、間違った対応もあったのではないかと思います）。講義の中で、Aくんたちが苦手なところはどこなのか、ということがよくわかったので、基本的にそれに沿って工夫を始めました。

　まず「やってはいけないことができない環境づくり」です。
＊振り回してはいけないものは与えない。
＊ガラスの壁をけってしまうのでソファーなどを置いてけることができないようにする。
＊外の水道で延々と遊び続けないように、フリータイムが終わったら水道にゴザをかける。
＊職員室に入ることを癖づけないため、職員室に鍵をかける。
　これらをすると、問題行動がおきなくなりました。
　また、ことばかけを「＊＊します」ではなく「＊＊しようね」に変えたところ、周囲の子どもたちの表情や対応も柔らかくなりました。

　このR園の記録を見て、「私たちもこのように取り組んでいる」と思われる先生方も多いことでしょう。そうであることを祈ります。幼稚園・保育園は、ひとりの子が就学前に集団の中での学びを経験する貴重な場所です。そのことをぜひわかっていただき、園だからこそできる具体的な配慮と工夫をしていただくよう、お願いします。

R園の実践①（4月）

R園　　3歳児Aくん（男）

		4月の様子
生活	登園降園のおしたく	○最初は大泣きだったが徐々に泣かずに登園できるようになる。 ○靴、上履きの履き替え、片付けはできるようになる。 ○ブレザー、カバンはそのまま。
	着脱	○ほとんどのことに介助必要。 ○パンツは足を通すのを手伝うと、自分であげる。
	食事	○ひとりですわって食べることができる。野菜ぎらいとのことだが少量なら食べる。 ○はじめての形状のものは警戒する。
	排泄	○ひとりではできない。一日に3〜4回はおもらし。 ○トイレに近づくことを極端に嫌がる。
ことば		○最初は喃語（なんご）か単語のみ。 ○雨が降ってきたとき「雨降ってきた」と言うなど、助詞が抜ける。 ○徐々にオウム返ししながら「やってください」「ありがとう」などが言えるようになる。
遊び		○電車、車が好きでそのおもちゃを合体させたりして遊ぶ。 ○砂場でショベルカーで遊ぶ。 ○ヒーローもののおもちゃにも反応する。
運動		○階段を登る、走るといった動きはスムーズ。
人間関係		○友だちに興味はあるが、手加減がわからず、強く抱きついてしまう。 ○おもちゃの取り合いが多くその際はとても乱暴になる。
活動		○2週間ぐらいはまったく興味をもたず、自分の好きなおもちゃで遊んでいた。 ○ひとりの座席を用意し、マンツーマンで指導すると少しずつ参加できるようになる。
流れの理解		○促しや指示が必要だが、流れの理解は難しい。 ○片付けで混乱する。落ち着くまでに時間がかかる。
備考		○家族は父、母、本児の3人。

> 3歳時点でオウム返しがあることに注目して下さい。意味理解が困難であることが予想されます。

> 運動にはあまり問題がないように思われるかもしれませんが、各部を組み合わせた動きなどは非常に苦手です。各部を組み合わせた楽しい意識運動などを開発してみて下さい。

> 関わりの中で特徴的なところです。これが習慣になってしまうと難しくなります。

> 場面の切り替えが苦手です。前もって予告しながらだんだん片付け切り替えにもっていきましょう。

担任（26年目）

配慮したこと

○登園してからの様子を保護者に伝え、安心してもらった。
○最初は援助し一緒に行うが徐々にできるようになるまで待つようにした。　　　　— 最初にパターンを身に付けてしまった方がいいと思います。
　　　　　　　　　　　　　　　　　　　　　　　　　　　　　　　　　　　　　介助は100％→０％に向かって。

○一緒に行い最後までいったら「できた!」とタッチをして完了を知らせた。　　　— 完了までの形を身に付けることは重要です。
○できる部分は必ず行うようにした。

○必ず保育者が同じ机に付き添い様子を見た。　　　　　　　　　　　　　　　　— 様子を見るより、まず完食の形を身に付けましょう。
○手をつけようとしないものは手渡しし、食べるように促した。

○登降園時にパンツをチェック。こまめに着替えを行った。
○友だちのトイレの様子やトイレの絵本を見せた。水洗音のする絵本で遊ば　　　— トイレに行けたらシールを貼る、なども有効です。
　せた。　　　　　　　　　　　　　　　　　　　　　　　　　　　　　　　　ことばの表出をあまり強要しないようにして下さい。

○日々の様子をよく見て、話すことばを多く聞き取るようにした。
○「おはようございます」「ありがとう」「やってください」等は、必要なと
　き一緒に言うようにした。　　　　　　　　　　　　　　　　　　　　　　　— 後々のことを考えると指示は「～しようね」の方が
○Aくんへの指示を「○○します」と一人称で指示した。　　　　　　　　　　　　いいと思います。

○願書の記述などを参考に、好きなおもちゃを準備した。　　　　　　　　　　　— こだわりの元になるおもちゃはしまってしまうのも方法です。
○ほしいおもちゃを友だちから取り上げたり、投げたりするので、近くに保育
　者がいるようにした。

　　　　　　　　　　　　　　　　　　　　　　　　　　　　　　　　　　　　非常に抽象的なことばなのでこの子には理解できな
　　　　　　　　　　　　　　　　　　　　　　　　　　　　　　　　　　　　いと思います。
○「やさしくね」と声をかけた。　　　　　　　　　　　　　　　　　　　　　　立場の逆転の理解はかなり困難です。おもちゃを２
○「貸して」と言うんだよ、とか「だめよ」と我慢させたりした。　　　　　　　つ用意するかなくしてしまうかの方法がいいかもしれません。

○最初は職員室に預けたり、部屋の横に本人専用のプレイルームを設けたり　　　職員室は基本的に入ってはいけない場所と形づけた
　したが、保護者の希望もあり、なるべく活動に参加させた。　　　　　　　　— 方がいいと思います。触ってはいけないものがたくさんありますし、後々この習慣が付いてしまうと困ります。

○混乱したときは抱いて落ち着かせた。　　　　　　　　　　　　　　　　　　— これも癖になると大変です。
○落ち着いた時点で着席させ、活動に移行させる。

○４月に父母を交えての個人面談を２回行った。
○園での様子を伝えるが、特別なプログラムは必要なく皆と一緒にしてほし
　いと要望を受けた。　　　　　　　　　　　　　　　　　　　　　　　　　— このように主張する保護者が多いです。
○皆に比べて50％しかできなくても個性としてとらえたいとのこと。　　　　　　通常の発達の遅れととらえているのだと思います。
○園としてはしばらく成長を見守っていくという姿勢を一緒にとることにし
　た。

R園の実践②（6月）

R園　　3歳児Aくん（男）

		6月下旬の様子
生活	登園降園のおしたく	○ほとんどの活動は自分でできるようになった。 ○忘れたときは先生や友だちの促しを素直に聞ける。
	着脱	○脱ぐことは比較的スムーズにできるようになる。 ○ゆっくり行えばボタン掛けもできる。
	食事	○お弁当は食べられるようになり「からっぽ弁当」と喜んで終えることができる。 ○ランチ（給食）でも自分で食べられるものを終えると「からっぽ」とふたをして終了する。
	排泄	○4月、5月は変化なかったが、6月の尿検査後、できるようになる。10:30, 12:30, 14:30と時間排泄であまり失敗はない。
ことば		○まだオウム返しも多く見られるが、自分から「座っていい？」と聞いたり、一語ぐらいなら友だちとのやりとりができる。 ○興奮すると「離せー」「やめろー」などのことばが出る。
遊び		○数人の友だちと同じところにいられるようになる。 ○おままごとで食べ物のやりとりなど簡単なやりとりができるようになる。 ○砂場での遊びは水を好む（放っておくとやり続ける）。
運動		○走るときに外股になる。 ○朝の体操はやりたがらなかったが、6月に入りはじめて最後まで行う。
人間関係		○何かしてもらったとき「ありがとう」と言えるようになった。 ○「あれー、＊＊ちゃんは？」と所在を気にするようになった。 ○特定の子に乱暴になることがある。
活動		○簡単な手助けがあれば参加できる。 ○音楽会の練習はお気に入りで「キラキラトントン」と行い、自分の場所にも立っていられる。
流れの理解		○「お片付けよ」「お弁当よ」と簡単な指示で動けるようになった。自分から「〜なの？」と確認することもある。 ○先生の顔を見ながら「ニヤッ」として違う行動をとることがある。
備考		○紙芝居はあまり長いものは最後にあきてしまうが、8場面くらいのものや簡単なお話はきちんと見ることができる。 ○内科診療のとき、背中にあてる聴診器が怖くて泣いた。 ○笑顔が増えて、遊びの中でも声をあげて笑う姿がある。

片付けも目と手の協応動作の練習なのできちんと行って下さい。

・どういうときこうなるかよく観察してみて下さい。
① その場面がこの子にあっているのかどうか。
② 目の前に取り組むものがあるかどうか。
③ 課題やことばかけがわかりにくくないかどうか。
④ 生活のリズムが不安定ではないか、など。

紙芝居などはイメージがつくれないと見るのは難しいのですが、ある程度できるのですね。

触覚過敏があるので健診や、体の計測などはとても嫌がる子が多いのです。でも必要なことですから、ちょっと事前にリハーサルをやるといいですね。

担任（26年目）

配慮したこと	
○できるようになったことは自分で行わせる。 ○体調が悪いときや機嫌の悪いときは介助して行ってしまう。	これでいいと思います。 トラブルが大きくなって立ち直らせるのは難しいので。
○着ることに関しては着やすい形にして促す。 ○パンツは両方の足を入れてしまうので「一つずつね」と声かけをする。 ○5月は着脱しやすいように体操ズボンで活動。 ○ボタンは一つ二つ経験させ、あとは援助する。	手を添えて100％介助し、完全にできてから0％に向けてひいていきます。
○保護者に「からっぽ弁当」を経験させてあげたいことを伝え、量、質を調整してもらう。 ○フォーク、箸で遊ぶことがあったので、当面スプーンとフォークにしてもらう。	とてもよい連携です。
○家庭との連絡の中で表情がよくなってきたという状況を把握。4月末より幼稚園でもオマルを用意してトイレトレーニングを開始。 ○週末、外出先で排泄できたとの連絡を受け、園で時間排泄開始。できたことを皆でほめ、喜ぶ。	このように子どもの様子を家庭と連絡し合うことが大切です。 ほめるのはよいですが、ほめすぎると失敗した時の挫折感が増すので要注意です。
○簡単なことば、短いことばで話すようにする。表情に気をつける。 ○指示を「○○します」ではなく「○○しようね」の言い方に変えた。 （周囲の子どもたちの表情も柔らかくなった。） ○興奮したときは少し放っておいて落ち着かせた。	良い方向に工夫できていると思います。 よい対応だと思います。
○乱暴になりがちなおもちゃは出さないようにした。 ○水を使うときは付き添い、延々と出しっぱなしにしないようにした。フリータイムが終了するとき、事務の人に外の水道にゴザをかけてもらった。	こういう物理的対応で問題行動はかなり回避できると思います。
○体操をやらないときは、室内では自分の座席、園庭でも自分の位置にいるようにして勝手に動き回らないようにした。	この子が参加できる意識運動を考えてみて下さい。
○乱暴の対象になる子が近くにいるときは、他方に移動させる。 ○何かしてしまったときは手を押さえやめさせる。	この対応もよいと思います。 予測できるのなら、本当はする前に押さえられるとよいのですが。
○作業時は手助けしながら一番に仕上げる（集中力が短いので。その後、好きなことを用意する）。 ○無理のない課題にし、刺激が少ない場所、支援しやすい位置などを考慮する。 ○なるべく同じ流れで保育を構成し、一日を過ごす（ボードに書き、他の子にも流れがわかるようにしている）。 ○先生の顔を見て違う行動をするときはあまりとりあわず、無表情で対応し、行き過ぎるときは背後から押して所定の場所に戻す。 ○保護者とは週2～3回電話で、園での様子や園で工夫していることを伝え、家庭での様子も聞くようにした。提案したことを実行してくれた。	とてもよい配慮だと思います。 とてもよい配慮だと思います。 とてもよい配慮だと思います。 こういう対応は先生にとっては少し胸が痛むかもしれませんが、このようにするとエスカレートしなくなります。 「工夫していることを伝える」ということが大切です。

R園の実践③（10月）

R園　　3歳児Aくん（男）

		9〜10月の様子	
生活	登園降園のおしたく	○ほとんどのことは指示なしでできる。 ○降園のとき「嫌だ、やらない」と転がって何もしないときもある。	
	着脱	○前後ろが逆になっていることが多い。 ○かぶりものを脱ぐときに裏返しになる。	
	食事	○ほとんど食べることができるが嫌なものはなかったように扱い「おしまい」と終了にする。 ○スプーンやフォークは握った形で使用。	
	排泄	○2学期開始4日目からおもらしが始まる。「びしょびしょになっちゃった」と泣いて訴える。少量ずつおもらしをしている。	
ことば		○自分の気づきややりたいことなど、何度もくり返している会話はスムーズに言える。 ○少し難しい会話はほとんどがオウム返し。	
遊び		○自分から〜したいと好きな遊びを選択する（アスレチック、砂遊び、粘土、ブロック、プラレールなど）。 ○気に入った乗り物やおもちゃを独占したがる。	
運動		○かけっこが好き。嫌だと言っても始まると参加する。 ○巧技台では介助が必要。 ○ジャンプするときなどまだバランスが悪い。	
人間関係		○おもちゃを「貸して」と言った友だちに「あとで返してね」と譲ってあげることができた。 ○「＊＊ちゃん」お休み？ と友だちのことを気にかける。 ○自分に注意する子や身体的に小さい子に乱暴する。	
活動		○9月下旬より活動の導入が始まると「嫌だ、やらない」と言ってマットのところに転がってしまう。みんなの様子を見ていて参加する。	
流れの理解		○10月から始まった絵本の貸し出し方法（4工程）もすぐ覚えて実行。 ○バスの待機や部屋の移動も他の子と一緒に過ごせるようになる。	
備考		○8月中旬に妹が生まれる。祖母が手伝いに来ていたが、それがなくなり家族だけになってから、「嫌だ、やらない」が多くなる。 ○祖母のすすめもあり療育センターを受診。広汎性発達障害、知的障害の程度は軽度と言われる。	

この時期、妹が生まれた状況を考え合わせると、一時的に退行か情緒不安定の状態になっているのだと思います。

マニュアルは得意だと思うので、何ごとも工程にするとわかりやすいかもしれませんね。

　療育センターの立場からいえば軽度の障害の範疇だと思いますが、（WHOの基準ではIQが55までは軽度）、現実ではやはりこれからも相当配慮が必要な子どもだと思われます。
　あまり、深刻に保護者に言わなくてもよいですが、「これからも連携をとりながら一緒にやっていきましょう」と伝えましょう。

担任（26年目）

配慮したこと	
○「バス行っちゃうよ」と自分でするまで様子をみる。 ○遅れそうになると必死で行う。「できたね。やろうね」と声かけをする。	妹が生まれたことによる愛情獲得のための状況と思われるので、手伝ってあげてしまってよいのでは。
○「反対よ、直そうね」と一緒に直す。 ○「ポケットが前よ」「袖から脱ごうね」とポイントを指示して一緒に行う。	裏返しになったのを直すのは難しいので、最初から裏返しにならない脱ぎ方を（腕をぬき、両手でえりぐりを持ってあごをぬくパターン）。
○ランチでは「これ食べてみようか」と一口大に切ったおかずをからっぽになった仕切りに入れて促す（食べられるものを選択）。	嫌いなものは1番先に！が、うまくいくコツです。
○間隔は長くなっているので無理強いしない。 ○「次に○○するから行ってらっしゃい」と楽しみを伝えて行かせる。	みんなが行く時間に「トイレに行こうね」などとシンプルに指示した方がよいです。
○オウム返しが始まったときは状況を見極め深追いしない。	その方が混乱しないかもしれませんね。わかる範囲のやりとりを楽しく。
○友だちとの取り合いで大きなトラブルになりそうなときは、しばらくはしまって出さない。 ○片付けができないときは「もうお片付けしようね」とある程度強制的にさせる。	この方法も有効だと思います。 介助しながら行って下さい。
○「嫌だ、やらない」と言ってもクラスの子どもたちの近くにいるようにさせる。	見通しがわかると参加できるからですね。
○「お兄ちゃんになったね。＊＊くんもAくんが大好きになったよ」とほめる。 ○乱暴は、活動と活動のあいだや移動時などに多いので、気をつける。 ○手を出したり体当たりしそうなときは事前に制止する。	ほめることは大切ですが、お兄ちゃんということばがプレッシャーにならないよう気をつけましょう。 乱暴がどういうときにおきるかよく観察できています。 予測できるときはこの方がよいと思います。
○マットは使用しないときには片付ける。 ○ころがっているときにはしばらくそのままにして様子を見る。他の子には「今考えているからそうっとしておいてあげてね」と話す。 ○ある程度落ち着いてから誘うと素直に参加する。	それでよいと思います。 一斉課題は難しいかもしれないのでこれでよいと思います。
○部屋の移動などは、最初は保育者が付き添って慣れさせた。数日たつと他の子が「一緒に行ってあげる」と待っていてくれるようになったので子どもに任せた。	お友だちの負担が大きくなりすぎないよう注意して下さい。
○10月末、園でも面談する。 ○全体の席替えをした。この子の位置は変えず、まわりの子を入れ替えた。同席の子は、穏やかで人の行動に左右されない子を選んだ。	よく考えていると思います。

あとがき　──明日からどんな配慮をしますか

　私の研究会に参加された方で、「上原さんは『この講義は聞いているだけではだめですよ。聞いて自分は何ができるか、しなければならないか、ですよ』と毎回研究会で発言されてきた。自分は、元校長としてこの町の教育委員会に何を提言し、何が変えられるかいつも考えて実行してきました」と発言された方がいました（私の研究会は教員対象のものもあります）。何回も考えていろいろな工夫を実行されてきたことが伝わってくるこの報告を聞いて、私は感動しました。

　それぞれの人が自分の置かれた立場で工夫していくことで、保育や教育の場は変化していくと思います。実行しなければ何も変化しません。私の講義は理論もわかりやすく伝えており、何より対象の職業に合わせて実際的に行っているものと自負しています。さらに講義の終わりには、「『ああ、この講義よかったわあ。また聞きたいわあ』だけじゃだめですよ。何を実践するかですよ」と私はいつも付け加えます。教育や保育や福祉は「100の理論よりひとつの実践」です（ただし理論なき実践はだめですが）。もちろんこの本に書かれたことがすべてではありません。これを叩き台に何を配慮し、何を工夫していくか、が重要なのです。この本を読んだあなたは明日からクラスの子どもたちのために何を工夫しますか。子どもたちの未来は先生方に託されているのです。

　幼少年教育研究所の研究員の皆さん、ご協力ありがとうございました。このような本を世に出させていただき感謝しています。また各地の研究会の方々、ご協力ありがとうございました。イラストのcotolieさん、素敵なイラストを描いてくださり、ありがとうございました。世界文化社の筒井さん、私の意向を反映し、いつも適切な助言をいただきありがとうございました。先生方の向こうにいるたくさんの子どもたちの未来が、少しでも暮らしやすいものでありますよう、心から願っています。

刊行にあたって

　私たち公益財団法人幼少年教育研究所（以下、幼少研）は、昭和39年の創立以来、保育現場の先生と大学の先生が所属を超えた中で、子どもの幸せを最優先に考え、研究や研修をすすめてきました。しかし昨今、これまでの通常の考えだけでは対応できない、さまざまな問題が出てきました。そのひとつが、クラスの中にどうも気になる子、すなわち配慮が必要な子が増えている、という問題です。

　そこで平成22年度に、特別支援教育研究会を立ち上げ、要配慮児への保育の専門家である上原文先生をお招きし、連続講座を行いました。講座では、参加した各園から多くの事例が寄せられ、それに対して上原先生から、子どもの状態の捉え方、接し方、環境づくりのポイントなど、極めて具体的で有用な助言が展開され、その学びが早速、各園の現場にフィードバックされていきました。しかし、この講座に出られる先生の何十倍、何百倍もの現場の先生方が、この問題に直面して苦労をされているのが現状です。

　そこで幼少研では、講座で出た事例と、上原先生がこれまでのコンサルテーションの中で蓄積されてきた豊富な事例を合わせ、より現場の先生の参考になるような本をつくろうと計画し、上原先生のご快諾をいただき、本書ができあがりました。就学前の一番大切なこの時期に、「気になる子」たちをどう育てておくことが重要なのか、また、この子たちが大きくなったときに社会で暮らしやすくするために必要なのはどんなことなのか…。本書は、講座で用いたワークシートをそのまま活用した極めて具体的な構成で、先生方の悩みに答えています。本書を通じて、要配慮児への理解を深め、要配慮児への対応を学んでいただくだけでなく、すべての子どもたちのために保育全体を考えるきっかけとして、本書を活用していただければ幸いです。

　今回の刊行にあたっては、幼少研の会員各園のみならず、全国のたくさんの園が、快く事例提供の面でご協力してくださいましたことに深く感謝いたします。

　これからも、先生方とともに学びながら、よりよい保育の実践に貢献していきたいと思います。

公益財団法人 幼少年教育研究所　理事長　関 章信

Profile

上原 文（うえはら ふみ）

1950年生まれ。精神保健福祉士。日本福祉大学社会福祉学部卒、横浜国立大学大学院教育学研究科修士課程修了。ソーシャルワーカーとして小児療育相談センター（横浜市）福祉相談室室長、横浜市中部・東部地域療育センター福祉相談室室長を歴任。現在、（株）日本データ社会福祉研究所副所長、教育福祉研究室室長、神奈川県立保健福祉大学非常勤講師。
「気になる子」を助けるための研修・コンサルテーションを、教諭・保育士に向けて行っている。

主な著書
『私のソーシャルワーカー論～理論を実践に』　株式会社おうふう
『あなたのクラスの気になるあの子』　鈴木出版株式会社
『ソーシャルワーカーの仕事と生活』（共著）　株式会社学陽書房

イラスト●cotolie
カバーデザイン●坂田良子
データ作成●明昌堂
編集●筒井正人

保育現場の事例が見やすい表組みに！
「気になる子」にどう対応すればいい？

発行日　2011年8月10日　初版第1刷発行
　　　　2011年9月25日　　　第2刷発行

編　者　公益財団法人幼少年教育研究所
著　者　上原　文
発行者　佐藤秀人
発　行　株式会社世界文化社
　　　　〒102-8187　東京都千代田区九段北4-2-29
　　　　電話 03-3262-5615（保育教材部）
　　　　電話 03-3262-5115（販売部）
印刷・製本　図書印刷株式会社

©Yosyonenkyouikukenkyujo
©Fumi Uehara
2011, Printed in Japan
ISBN 978-4-418-11716-1
無断転載・複写を禁じます。
定価はカバーに表示してあります。
落丁・乱丁のある場合はお取替えいたします。